고대 중국의 명학(名學)

—후기묵가 · 혜시 · 공손룡

정재현

1962년 서울에서 태어났다. 서강대학교 철학과를 졸업하고 같은 대학 대학원 철학과에서 철학을 공부하였으며, 하와이 주립대학에서 중국고대철학으로 박사학위를 받았다. 제주대학교 철학과를 거쳐 현재 서강대학교 철학과에 재직하고 있다. 한국철학회, 동양철학회 회원이고, Philpapers: Online Research in Philosophy의 한국철학 부분을 담당하고 있으며, 서강대학교 철학연구소 일을 하고 있다. 『묵가사상의 철학적 탐구』, *Cultivating Personhood: Kant and Asian Philosophy*(공저), 『논리와 사고』(공저), 『21세기의 동양철학』(공저) 등의 저서와 「사단칠정론과 모종삼」, 「동양에서의 사회정의」, 「노장과 해체론 비교」 등의 논문들이 있다.

서강학술총서
047

고대 중국의 명학(名學)

후기묵가 · 혜시 · 공손룡

정재현 지음

서강대학교 출판부

서강학술총서 047

고대 중국의 명학(名學)

—후기묵가 · 혜시 · 공손룡

초판발행 | 2012년 12월 20일
지 은 이 | 정재현
발 행 인 | 이종욱
편 집 인 | 우찬제
발 행 처 | 서강대학교 출판부
등록번호 | 1978년 9월 28일 제313－2002－170호

주 소 | 서울특별시 마포구 백범로 35번지
전 화 | (02) 705－8212
팩 스 | (02) 705－8612

ISBN 978－89－7273－219－8 94150
ISBN 978－89－7273－139－9(세트)

값 13,000원

* '서강학술총서'는 SK SUPEX 기금의 후원으로 제작됩니다.

머리말

이 책은 책 제목이 말해주듯이 고대 중국의 명학 중에서 특히 후기묵가·혜시·공손룡 등 이른바 궤변가의 사상에 대한 것이다. 비록 오랫동안 관심을 가져온 분야이지만, 완성도가 떨어지는 또 하나의 책을 금년에 연이어 내면서 약간의 변명을 하지 않을 수 없다. 좀 더 완성된 책을 내기 위해서는 후기묵가의 저작인 『묵경』에 대한 이해가 필수적인데, 나에게 이것은 단기간에는 이뤄낼 수 없는 목표로 여겨진다. 그래서 궁여지책이지만 일단 『묵경』을 포함한 고대 중국의 명학에 대한 현재의 이해를 반영하는 책을 내고 나서, 두고두고 이것을 수정해가는 것이 좋겠다는 생각이 들었고, 그래서 이렇게 연구년을 코앞에 두고 무리를 하게 되었다. 별로 영양가 없는 책이지만, 이런 작업에도 여러 사람을 귀찮게 하였다. 서강대 대학원의 김현선·송태욱·조성환·곽소현·김재익 그리고, 학부의 윤유석의 교정에 감사한다.

2012년 12월

방배동 카페골목에서

정재현

차례

제1장
명학의 전개

1. 명학의 문제

이 책은 혜시 · 공손룡 · 후기묵가 철학에 대한 연구이다. 이들을 흔히 명가(名家) 혹은 변자(辯者)[1]라고 한 것에서 알 수 있듯이 이들의 주된 관심은 명(名)과 실(實)(언어와 세계 혹은 명분과 실질)에 대한 것,[2] 재판에서 다른 사람들의 입장을 변호하는 것이었다.[3] 그런데 같은 변자라도, 중국

1 공손룡과 혜시를 선진시대에서는 명가보다는 변자라고 하였다. 명가라는 명칭은 한대(漢代) 사마담에 의해 만들어진 것일 뿐이다. 명가의 사람들과 저서에 대해서는 『한서』「예문지」에서 7가(家) 36편(篇)이라고 하였으나, 현재 남아 있는 것은 『등석자』, 『윤문자』, 『공손룡자』 세 책뿐이다. 혜시의 사상을 따로 전하는 책은 없으므로 이에 대해서는 주로 『장자』「천하」편의 '혜시십사' 혹은 '역물십사'에 의존하겠다.

2 명(名)과 실(實)은 각각 '소이위'(所以謂 가리키는 것)와 '소위'(所謂 가리켜진 것)로 정의되므로, 명실관계는 언어와 세계의 관계로 이해될 수 있다. 이런 관계를 정확히 이해하기 위해서는 위(謂), 혹은 위(謂)와 유사한 지(指) 등의 개념의 의미를 이해하는 것이 중요하다. 이는 변자들의 사상을 알아보는 데에도 중요하다.

3 후기묵가를 명가라고 부르기에는 여러 가지 제한이 있으므로, 여기서는 "명가"라는 말보다는 "변자"라는 표현으로 혜시, 공손룡, 후기묵가를 통칭해 부른다. 즉 명가와 후기묵가를 합쳐서

철학사에서 공손룡과 혜시는 궤변을 늘어놓는 소피스트들로 묘사되고,[4] 후기묵가는 상식의 입장에서 이들을 비판한 논리학자들로 간주된다.[5] 공손룡의 대표적 궤변은 "백마(白馬)는 마(馬)가 아니다"[6], "[하나의 견백석(堅白石)에서] 견(堅)과 백(白)이 분리된다", "지(指)는 지(指)가 아니다" 등이고, 혜시의 궤변으로는 "산은 못과 같이 평평하다", "오늘 월나라로 가서, 어제 도착했다", "천하의 중앙은 연나라의 남쪽과 월나라의 북쪽이다" 등으로 이들의 주장은 한마디로 상식에 부합하지 않는 것들이었다. 반면 후기묵가는 이들의 이러한 주장에 맞서 "백마는 마이다", "[하나의 견백석에서] 견과 백은 분리될 수 없다", "중간에 기준이나 관점을 달리하

변자라고 부른다. 물론 후기묵가를 변자라고 볼 수 있겠는가라고 의심해볼 수도 있지만, 고대 중국에서 변(辯)에 대해 가장 체계적으로 연구한 사람들이 후기묵가이므로 그들을 변에 뛰어난 사람들이라는 의미에서 변자라고 부를 수 있다고 본다. 또한 혜시와 공손룡도 후에 명가로 분류되기 전에, 그들이 했던 작업은 다른 사람을 변론하는 것이었으므로 충분히 변자라는 말로 불릴 수 있을 것이다.

4 『장자』 「천하」편에서 "변자의 무리는 사람의 마음을 꾸미고, 사람의 뜻을 바꾸어 입으로는 남을 이길 수 있었으나 사람의 마음을 탄복시키지는 못하였다"(辯者之徒 飾人之心 易人之意 能勝人之口 不能服人之心)라고 하였다. 『순자』 「비십이자」편에서는 "옛 임금들을 법도로 삼지 않고 예의를 옳지 않다고 하며 괴상한 학설을 익히고, 이상한 말장난을 좋아해, 매우 잘 살피지만 소용이 없고, 말을 잘하지만 쓸 데가 없으며, 일은 여러 가지 하지만 성과가 적으니[……]"(不法先王 不是禮義 而好治怪說 玩琦辭 甚察而不惠 辯而無用 多事而寡功 [……])라고 하였다.

5 풍우란, 『중국철학사』(상), 박성규 옮김, 서울: 까치, 2002, 396쪽. 풍우란은 이 점에서 후기묵가를 변자로 놓는 것에 부정적이었다고 할 수 있다. 하지만 호적과 같은 이는 아예 『묵경』을 혜시 · 공손룡의 저작이거나, 그렇지 않다면 그들과 같은 시대의 사람들이 만든 것이라고 함으로써, 후기묵가와 혜시 · 공손룡의 관계를 매우 밀접하게 놓았다. 호적, 『중국고대철학사』, 송긍섭 등 옮김, 서울: 대한교과서주식회사, 1983, 203~204쪽.

6 이 책에서는 "백마비마"(白馬非馬)와 같은 문장을 "흰말은 말이 아니다"나 "백마는 말이 아니다"로 번역하기보다는 일관되게 한자의 독음을 사용해서 "백마는 마가 아니다"로 번역할 것이다. 이는 명가의 문장들이 논리적인 것들이라, 이렇게 표기하는 것이 훨씬 더 효과적이라고 생각해서이다. 필요하다면 한자 독음 뒤에 괄호를 하고 한자를 표기해줄 것이다.

면 안 된다" 등의 상식적 주장을 하였다고 한다. 혜시와 공손룡의 이러한 입장은 각각 '합동이'(合同異)와 '리견백'(離堅白)으로 정리되었는데,[7] 전자의 의미는 혜시가 같음에만 주목해서 '같음과 다름의 차이를 없앴다'는 것이고, 후자의 의미는 공손룡이 분리를 좋아해서 '분리해서는 안 될 것도 분리했다'는 것이다.[8] 풍우란은 특히 이런 입장을 받아들이면서, 혜시의 합동이 궤변은 사물의 상대성에 주목한 것인 반면, 공손룡의 리견백 궤변은 개념의 절대성에 주목한 것이라고 하였다.[9] 나아가 이들 공손룡과 혜시가 이룩한 철학적 성취는 한마디로 형이상의 세계 혹은 보편자의 세계를 생각해냈다는 데 있다고 하였다.[10]

이 책은 먼저 혜시 · 공손룡 · 후기묵가에 대한 기존의 해석, 특히 풍우란 식의 해석[11]에 도전한다. 물론 혜시와 공손룡의 입장을 큰 틀에서 각각 '합동이'와 '리견백'이라는 구호로 드러낼 수 있다는 점을 부인하는 것은 아니다. 그러나 거기에서 한 걸음 더 나아간 해석들, 즉 혜시와

7 『장자』, 『순자』, 『여씨춘추』 등에 이런 구분이 보인다. 이강수는 혜시가 '사물들의 성질의 같음의 측면을 중시'하였고, 공손룡은 '명사와 개념의 다름의 측면을 중시'하였다고 본다. 이강수, 『중국고대철학의 이해』, 서울: 지식산업사, 1999, 201쪽. 이것은 혜시가 실(實)에 주목한 반면, 공손룡은 명(名)에 주목했다는 말로 볼 수 있다.

8 성중영(成中英)은 리(離)와 합(合)을 각각 공손룡과 노 · 장의 도가의 명실론적 입장을 지칭하기 위해 사용한다. 전자는 구체적 예시를 지칭하는 이름이 있다는 입장이고, 후자는 어떤 이름으로도 지칭되지 않는 실재가 있다는 입장이다. 혜시의 천지일체의 입장과 노 · 장의 만물제동의 입장의 유사성을 인정한다면, 전통적 해석과 일맥상통하는 해석이라고 할 수 있다. cf. Chung-ying Cheng, "Kung-sun Lung: White Horse and Other Issues", *Philosophy East and West*, 33:4, 1983: Oct., p. 346(이하에서는 이 논문을 Kung-sun Lung으로 약칭).

9 풍우란(馮友蘭), 『중국철학사』(상), 박성규 옮김, 서울: 까치, 2002, 345쪽.

10 평유란(馮友蘭), 『간명한 중국철학사』, 정인재 옮김, 서울: 형설, 2012, 143~144쪽.

11 '풍우란 식의 해석'이라는 말은 단순히 풍우란의 입장만이 아니라, 명가를 보편자 내지 속성 존재론을 제시한 것으로 해석하는 성중영 · 손영식의 해석을 아울러 가리킨다.

공손룡을 각각 사물의 상대성과 개념의 절대성에 주목한 철학자로 간주한다든지, 그들의 성취가 개념의 세계 내지 보편자의 세계를 발견한 것에 있다고 보는 주장에 도전한다. 또한 혜시와 공손룡은 각각 합동이와 리견백의 극단적 주장을 한 궤변가인 반면, 후기묵가는 상식적 견지에서 이런 극단적 주장을 물리친 사람들이라는 해석도 거부한다.[12] 물론 후기묵가의 저작인 『묵경』[13]에 보이는 역학 · 광학 · 기하학 · 경제학 등등의 과학적 언명들은 후기묵가가 합리적이며, 실질적이라는 주장에 힘을 실어준다. 또한 후기묵가가 비교적 정확한 사실 인식과 공정한 언어 표현을 통해 혜시와 공손룡의 오류를 지적한 것들도 상당히 있다.[14] 그럼에도 불구하고, 나는 혜시, 공손룡, 후기묵가를 변자라고 호칭하며 같은 선상에 놓고 보고자 한다. 나의 이러한 관점은 일차적으로는 후기묵

---

12 실상 공손룡은 한곳에서 자신의 입장을 '리견백'뿐만 아니라, '합동이'라고 하기도 한다. "어렸을 때, 나는 선왕의 도를 배웠다. 자라서는 인의의 행위를 이해했다. 동이를 합했고, 견백을 분리했다. 그렇지 않은 것을 그렇다라고 했고, 불가한 것을 가능한 것이라고 했다. 백가의 지식을 곤란하게 했고, 여러 달변가의 변론을 다하게 했다. 나는 스스로 지극한 데에 이르렀다고 생각했다"(龍少學先王之道 長而明仁義之行 合同異 離堅白 然不然 可不可 困百家之知 窮衆口之辯 吾自以爲至達已), 『장자』「추수」.

13 『묵경』은 『묵자』 40편에서 45편까지(「경상」, 「경하」, 「경설상」, 「경설하」, 「대취」, 「소취」)를 가리키는 것으로 후기묵가의 저작이라고 믿어진다. 다른 편들과는 달리 심하게 훼손되어 있어서 그대로는 해석이 되지 않는 관계로 후대의 해석자에 의한 자의적 원문 교정이 많이 이루어진 상태이다. 여기서는 그레이엄(A. C. Graham)의 교정본 *Later Mohist Logic, Ethics and Science*를 많이 참조하였다. 따라서 이후 『묵경』의 교정이나 번역을 인용할 때는 그레이엄의 책 페이지를 제시한다. 책명 표기는 *Later Mohist Logic*으로 약칭할 것이다. 그레이엄의 이름이 따로 표시되지 않을 경우에는 손이양의 『묵자간고』(墨子閒詁)에 의거한 나의 교정이나 번역임을 의미한다. 이후 『묵경』을 인용할 때는 편명만 표기한다.

14 예컨대, 뒤에 다루겠지만, 공손룡이 언어에 집착해서 구체적인 실제 세계로부터 지나치게 벗어나려고 한 것을 지적한 것이라든지, 혜시가 무한에 대한 지나친 우려로 인해 객관적 언어 사용을 포기하는 경향에 대해 비판한 것 등이 후기묵가의 상식에의 옹호를 보여준다고 할 수 있다.

가의 저작인 『묵경』 속에 혜시나 공손룡과 동일한 주장이 많이 섞여 있다는 점,[15] 다음으로 후기묵가에 대한 당시 혹은 그 후의 역사적 평가도 그리 호의적이지는 않았다는 점에 근거한다. 이러한 사정은 공손룡과 혜시의 주장들 역시 후기묵가의 주장들만큼 합리적으로 이해될 가능성이 있다는 점을 내포하고, 따라서 혜시나 공손룡과는 달리 후기묵가만이 상식적 · 합리적 사상가라고 단정 지을 수 없게 만든다. 한마디로 '궤변-상식옹호'의 틀은 혜시/공손룡과 후기묵가의 차이를 드러내는 데 적절하지 않다. 게다가 순자는 후기묵가를 혜시, 공손룡과 더불어 비난하고 있다. 『순자』 「정명」편에서 순자가 세 가지 미혹(迷惑, 오류) 중의 하나로 후기묵가의 "도둑을 죽이는 것은 사람을 죽이는 것이 아니다"는 주장을 혜시, 공손룡의 궤변들 즉 "산과 못은 평평하다", "백마는 말이 아니다"와 함께 거론한 것은 적어도 그 당시 혹은 고대 중국철학에서 후기묵가는 혜시 · 공손룡과 그다지 큰 차이가 없는 궤변가로 여겨졌음을 보여주는 증거라고 할 수 있겠다. 물론 나는 이 책에서 후기묵가가 궤변가라고 주장하지 않는다. 차라리 그 반대로 후기묵가가 합리적이고 진지한 철학자인 만큼 혜시와 공손룡도 그렇게 이해할 수 있는 길이 있음을 보여주려는 것이다.

나는 혜시와 공손룡의 차이를 어느 정도 인정한다. 나아가 후기묵가의 입장도 혜시나 공손룡의 입장과는 다른 나름의 독특성이 있음을 인정한다. 혜시의 합동이나 공손룡의 리견백은 틀림없이 혜시와 공손룡이 지닌

15 예컨대, "우마는 우도 아니고 마도 아니다", "[하나의 견백석에서] 견과 백은 분리된다", "불은 뜨겁지 않다" 등등의 것들이 다수 있다. 이러한 명제들에 대한 기존의 해석은 이것들이 후기묵가가의 입장이라기보다는 후기묵가가 거부하려고 했던 궤변적 주장들이라고 보는 것이었다.

어떤 차이를 큰 틀에서 암시하고 있다. 후기묵가의 변에 대한 연구도 후기묵가만의 독특한 입장을 강조하고 있다고 본다. 다시 말해, 혜시의 주장인 "산은 못과 같이 평평하다", "태양은 중천에 이르자마자 기운다", "오늘 월나라에 갔다가 어제 온다" 등과, 공손룡의 주장인 "백마는 마가 아니다", "[하나의 견백석에서] 견석과 백석이 분리된다"는 무언가 차이가 있다고 생각한다. 전자는 대체로 분석적 인식의 관점에서는 받아들일 수 없는 모순적 주장들이고, 후자는 개념적 분리를 강조하는 데서 생기는 주장들이다. 합동이와 리견백이란 말이 각각 통합(반분석)과 분석의 태도를 의미한다면, 이러한 용어들로 혜시와 공손룡의 입장차를 보여주는 것도 전혀 무리는 아닐 것이다. 그러나 그렇다고 해서 혜시에게는 분석의 태도가 없다거나, 공손룡에게는 통합적 마인드가 없다고 주장해서는 안 된다. 나아가 합동이와 리견백이라는 용어가 풍우란이 말하는 사실의 상대성과 개념의 절대성 간의 차이를 보여주는 것은 아닐 것 같다. 왜냐하면 혜시나 공손룡에게는, 비록 정도의 차이는 있지만, 사실의 상대성과 개념의 절대성의 요소가 공통적으로 있기 때문이다. 혜시가 주목한 것을 단순한 사실세계라고 하는데, 그의 대표적 명제들인 역물십사(歷物十事)[16]

16 역물(歷物)은 '사물에 대한 생각을 드러냄'이라는 뜻인데, 역물십사는 바로 『장자』 「천하」편에 보이는 혜시의 대표적인 열 가지 주장을 가리킨다: 1. 가장 큰 것은 그 바깥에 아무것도 없다. 그것이 대일이다(至大无外 謂之大一). 가장 작은 것은 그 안에 아무것도 없다. 그것이 소일이다(至小无內 謂之小一). 2. 두께가 없는 것은 쌓을 수 없지만, 그 크기는 천리에 이른다(無厚 不可積也 其大千里). 3. 하늘은 땅만큼 낮고, 산은 못과 같이 평평하다(天與地卑 山與澤平). 4. 태양은 중천에 있으면서 기울고, 생물은 생기면서 죽는다(日方中方睨 物方生方死). 5. 크게 같으면서도 약간 같고 약간 다르다. 이것이 소동이이다. 만물은 어느 면에서는 모두 같고, 어느 면에서는 모두 다르다. 이것이 대동이이다(大同而與小同異 此之謂小同異 萬物畢同畢異 此之謂大同異). 6. 남방은 끝이 없지만 또 끝이 있다(南方无窮而有窮). 7. 오늘 월나라로 가서 어제 그곳에 도착했다(今日適越而昔來). 8. 연결된 고리는 풀 수 있다(連環可解也). 9. 나는 세계의 중앙을 안다. 연나라 북쪽과 월나라 남쪽이 그것이다(我知天下之

는 개념에 대한 주장을 하고 있다.[17] 반대로 공손룡이 개념의 절대성만 강조했다고 여기기에는 그의 주장들에서 사실에 기반한 개념의 상대성[18]의 강조를 빈번하게 발견할 수 있다. 한마디로 혜시와 공손룡의 문제의식과 해결방식에는 명(개념)과 실(사실)의 두 요소가 다 사용된다. 후기묵가의 명학적 작업도 혜시와 공손룡의 문제의식이나 방법과는 다른 측면에서 전개되었다. 그러므로 공손룡, 혜시, 후기묵가의 차이점을 드러내기 위해서는 통합의 혜시와 분석의 공손룡, 궤변의 혜시 · 공손룡과 상식의 후기묵가, 명의 공손룡과 실의 혜시 · 후기묵가, 상대성의 혜시와 절대성의 공손룡과 같은 식으로 '통합과 분석', '궤변과 상식', '명(개념)과 실(사실)', '상대성과 절대성' 같은 개념 틀을 거칠게 적용해서는 안 된다는 것이 나의 판단이다. 그 당시 배경지식을 최대한 활용하여 그들의 구체적 문제의식과 해결방식을 살펴야 하고, 현재 우리가 사용하는 어떤 개념적 틀을 적용할 때에는 무리하지 않고, 섬세해야 할 것이다. 예컨대, 보편자 문제를 가지고 이들 변자들의 사상을 다루는 틀로 삼는 풍우란 식의 해석에 대해 생각해보자. 나는 변자, 즉 명가나 후기묵가의 작업이 보편자 존재론과 같은 것을 제시한다는 주장에 대해, 보편자 이론보다는 화용론(pragmatics)적 지칭이론[19]을 변자들의 관심 사항 혹은 그들의 발견물로 일단 제시하려고 한다. 물론 화용론적 지칭이론과 보편자 존재론이 서로 상충될 필요는 없다. 지칭이론과 존재론은 어느 정도 연관이 있기도

中央 燕之北越之南是也). 10. 만물을 다 같이 사랑하라. 천지는 한 몸이기 때문이다(氾愛萬物天地一體也). 이에 대해서는 혜시의 명학을 다루는 4장에서 자세히 다루겠다.

17 혜시는 단순히 경험적 사실에만 주목하는 것이 아니고, 그런 경험들을 다루는 데 사용되는 우리의 언어와 개념에 대해서도 주목하고 있다.

18 「백마론」, 「지물론」, 「통변론」에서 이런 점이 드러난다.

19 '화용론적 지칭이론'이란 일종의 언어의미이론으로 언어적 표현의 의미가 발화자와 언어적 표현과의 관계에서 결정된다고 본다.

하다. 따라서 얼마든지 고대 중국의 명학(名學) 내에서 이들 이론을 동시에 확인할 수도 있을 것이다. 다만 내가 전자에 주목하는 이유는, 그것이 명학의 역사적 맥락을 더욱 명확히 하기 때문이고, 아직은 명학 내에서 어떤 보편자 존재론을 끄집어내기가 쉽지 않다는 구체적 상황 때문이다. 나는 이 책에서 이런 상황인식을 바탕으로, 좀 더 폭넓은 관점에서, 새로운 틀을 가지고, 정확한 개념을 사용하여 변자들의 주장들을 살펴보고, 그들의 작업을 새롭게 재규정할 것이다. 나의 이러한 의도에도 불구하고, 능력의 한계 때문에 곳곳에서 일관된 해석에 걸림돌이 되는 변자들의 언명들을 마주치게 된다. 나는 그때마다 이러한 사실을 적시하여, 이후의 더 나은 해석의 출현을 위한 발판으로 삼을 것이다.

본격적으로 변자들의 사상을 검토하기 전에, 먼저 이 책에서 사용되는 접근방식을 언급하려고 한다. 나는 공손룡과 혜시의 명학을 구체적으로 비교하기 전에, 우선 후기묵가의 명학을 검토할 것이다. 그런 다음 이렇게 확보된 후기묵가의 자료를 통해 공손룡과 혜시의 명학을 분석하고자 한다. 이는 후기묵가의 명학에 대한 자료가 보다 방대해서,[20] 이에 대한 성격 규명이 먼저 이루어진 후에, 이를 바탕으로 혜시와 공손룡의 명제들을 다루는 것이 편리하기 때문이다. 실제로 혜시와 공손룡에게서 핵심적인 개념들이 후기묵가에서 광범위하게 논의된다. 이런 부분들은 후기묵가의 저작인 『묵경』에 비추어 보다 풍부하고 정확하게 이해될 수 있다. 따라서 변자들의 공통적 특성을 먼저 확인한 후에, 그들 간의 차이를 드러내는 방식이 자연스러울 것이다.

20 물론 『묵경』의 자료적 가치에 대해 별로 신뢰를 갖지 않는 사람들도 많다. 그러나 적어도 명학의 맥락에서 『묵경』만큼 풍부한 자료적 가치를 지닌 것은 없다.

후기묵가의 중요성은 그들의 문제의식이 여러 정황으로 보아 혜시와 공손룡의 문제의식과 연결되는 것에서도 확인된다. 먼저 다른 학파나 주석가들로부터의 평가가 그러하였다. 『묵경』이 명가와 연관성이 있다는 것은 앞서 말한 『순자』「정명」편은 물론 『장자』「천하」편과 『한비자』「외저설좌상」편의 다음과 같은 구절들로부터 짐작할 수 있다.

> 상리근의 제자들과 오후의 무리들 및 남방의 묵가인 고획, 기치, 등릉자의 무리들은 다 같이 묵가의 경전을 읽고 외웠지만, 서로 어긋나 주장이 같지 않게 되어 서로 상대를 별묵(別墨)이라고 공격하였다. '견백, 동이의 논변'으로 서로 헐뜯고, '서로 어긋나고 이치에 맞지 않는 말'로 서로 대응하였다. 자신들의 우두머리인 거자(巨子)를 성인이라 생각하고, 모두가 묵가의 종주가 되어 후세에 묵가의 후계자가 되기를 바라는 상태가 지금까지 계속되고 있다.[21]

> 이런 까닭에 말을 섬세하고 찰찰하게 미묘하고 알기 어렵게 하는 것은 급한 일이 아니다. 그러므로 계진, 혜시, 송연, 묵적은 모두 대쪽에 그린 그림과 같다(분별이 안 된다).[22]

위의 『장자』「천하」편에서 묵가의 제자들이 다퉜던 문제는 주로 『묵자』의 핵심편장(제8장～제38장)의 내용인 묵가십사(墨家十事)[23]인 것 같지만,

---

21 "相里勤之弟子 五侯之徒 南方之墨子苦獲,已齒 鄧陵子之屬 俱誦墨經 而倍譎不同 相謂別墨 以堅白同異之辯相訾 以觭偶不仵之辭相應 以巨子爲聖人 皆願爲之尸 冀得爲其後世 至今不決" 『장자』「천하」.

22 "是以言有纖察微難而非務也 故李 惠 宋 墨皆畫策也" 『한비자』「외저설좌상」.

23 흔히 '묵가십사'(墨家十事), '묵가십론'(墨家十論) 혹은 묵가(墨家)의 '십대구호'(十代口號)라고 한다. '상현'(尙賢, 현명한 이를 높임), '상동'(尙同, 위로 일치함), '겸애'(兼愛, 똑같이 사랑함), '비공'(非攻, 공격적 전쟁을 반대함), '절용'(節用, 비용을 절약함), '절장'(節葬,

그러나 그것들은 '견백동이(堅白同異)의 논쟁' 혹은 '기우불오(觭偶不仵, 서로 어긋나고 이치에 맞지 않음)의 말'이라고 하여 논리적 문제 혹은 논리적 방식의 다툼으로 표현되었다. 훨씬 후대에 이루어진 「묵변주」 서문[24]에서 후기묵가의 작업이 공자의 정명사상과 명가의 명학사상을 이어주는 역할을 했음을 명확히 하였다.

> 이름은 그것으로 같고 다름을 구별하고, 옳고 그름을 밝히는 수단이다. 그것은 도의로 나아가는 문이고, 정치적 교화의 기준이다. 공자는 '반드시 이름을 바로잡아야 한다. 이름이 바르지 않으면 일이 이루어지지 않는다'고 하였다. 묵자는 책을 쓰고, 변경을 만들어서 이름의 근본을 세웠다. 혜시와 공손룡은 그 학문을 이어받아 별명을 바로잡음으로써, 세상에 이름을 떨쳤다. 맹자는 묵자를 비난했지만 그의 변어와 정사는 묵가와 같았다. 순자와 장자 등은 명가를 공격했지만, 그 논지를 바꿀 수 없었다. 이름은 반드시 형태가 있는데, 형태를 살피는 데에는 색을 구별하는 것만한 것이 없기에 견백(堅白)의 논변이 있었다. 이름은 반드시 분명해야 하는데, 분명한 것은 유무(有無)만한 것이 없기에 무후(無厚)[25]의 논변이 있었다. 옳음에는 옳지 않음이 있고, 가한 것에는 가하지 않음이 있으니 이것을 양가(兩可)라고 한다. 같으면서도 다름이 있고, 다르면서도 같음이 있는 것을 변동이(辯同異, 동이를 분별한다)라고 일컫는다. 지극한 같음은 같지 않음이 없고, 지극한 다름은 다르지 않음이 없으니 이것을 변동변이(같음을 분별하고, 다름을 분별한다)라고 일컫는다. 동이는 시비를 낳고, 시비는 길흉을 낳으니 하나의 사물에서 분별하여 천하의 낮고 높은 곳을 다하는 것은 이름의 지극함이다. 등석 이래로 진나라 때의 명가에 이르기까지

장례를 검소하게 함), '천지'(天志, 하늘의 뜻), '명귀'(明鬼, 귀신이 존재함을 밝힘), '비악'(非樂, 음악을 배격함), '비명'(非命, 운명을 배격함)을 가리킨다.

24 책은 없어졌고, 『진서』(晉書)의 노승(A. D. 300) 자서전에 오직 이 서문만이 전해온다.

25 원문에는 無序라고 되어 있다.

대대로 그에 관한 전적이 많이 있었지만 대단히 이해하기가 어려워서 후학들이 전승하여 익힐 수가 없었고 세월이 지금에 이르기까지 500여 년이 되니 마침내 끊어져버렸다. 『묵변』에는 상 · 하경(經)이 있고, 경(經)에는 각각 설(說)이 있어서 모두 4편이다. 전체 책의 여러 편들과 이어 붙어 있었기에 따로 떼어낸다. 여기에서는 이제 설을 끌어다 경을 설명하였는데, 각각 그 장에다 붙였으며 의심이 나는 곳은 비워두었다. 또 여러 잡다한 기록에서 채취하여 형명 2편을 모았고 그 취지를 간략하게 해설하였으니 후대의 군자를 기다린다. 간혹 미세한 것을 밝히고 끊어진 곳을 이어놓은 대목에서는 또한 그것에서 즐거움이 있었도다.[26]

노승에 따르면 『묵경』[27]은 기본적으로 공자 정명사상의 취지, 즉 명(名)을 바로잡음을 통해 정치적 안정을 기하는 일과 관련이 있었으며, 이를 명가의 관심인 견백(堅白), 무후(無厚), 양가(兩可), 동이(同異)의 논변[28]을 다룸으로써 수행하고자 했다고 보았다. 『묵경』은 궁극적으로 윤리적이고 정치적인 교화를 목적으로 하였으나, 그 내용은 명가의 궤변들을 다루고 있다는 것이다. 한마디로 『묵경』이 유가의 정명사상과 명가의 명변사상에 두루 걸쳐 있다는 것이다. 노승이 이 부분을 『묵변』이라고 한 것은 바로

26 "名者所以別同異 明是非 道義之門 政化之準繩也 孔子曰必也正名 名不正則事不成 墨子著書作辯經以立名本 惠施公孫龍祖述其學 以正別名顯於世 孟子非墨子 其辯言正辭則與墨同 荀卿莊周等皆非毀名家 而不能易其論也 名必有形 察形莫如別色 故有堅白之辯 名必有分 明分明莫如有無 故有無序之辯 是有不是 可有不可 是名兩可 同而有異 異而有同 是之謂辯同異 至同無不同 至異無不異 是謂辯同辯異 同異生是非 是非生吉凶 取辯於一物而原極天下之汙隆 名之至也 自鄧析至秦時 名家者世有篇籍 率頗難知 後學莫復傳習 於今五百餘歲 遂亡絕 墨辯有上下經 經各有說 凡四篇 與其書眾篇連第 故獨存 今引說就經各附其章 疑者闕之 又采諸眾雜集為刑名二篇 略解指歸 以俟君子 其或興微繼絕者 亦有樂乎此也" 「墨辯注」.

27 노승은 물론 『묵경』이라는 말 대신 『묵변』이라고 썼고, 그것도 경과 설만을 가리켰다.

28 앞서 말한 공손룡의 관심 사항과 일치한다.

『묵경』의 내용을 분변(分辨)하기 위한 사전작업으로 보았기 때문이다.

두 번째로 후기묵가와 명가의 공통성은 그들이 사용하는 개념의 유사성에서 확인된다. 먼저, 공손룡과 후기묵가는 지칭과 관련된 각종 개념들, 즉 명(名), 실(實), 위(謂), 지(指), 견백(堅白) 등의 개념들을 공유하고 있다. 또한 혜시와 후기묵가는 모두 공간과 시간에 관련된 각종 개념들, 즉 우(宇), 구(久), 시(時), 진(盡), 간(間), 단(端), 척(尺), 무후(無厚) 등의 개념들을 다루고 있다. 이런 공통적 개념들을 살펴보았을 때, 공손룡, 혜시, 후기묵가의 궁극적 관심은 세계와 언어, 즉 실과 명이었다고 할 수 있다. 그런데, 이들에게 세계는 기본적으로 개체와 보편자라기보다는 부분과 전체[29]로 이루어져 있다. 따라서 변자들의 관심은 부분(體)과 전체(兼)의 관계는 무엇인가, 그런 부분과 전체로 이루어진 세계가 언어(名)와 어떻게 연결되는가[30]와 같은 과학·형이상학·언어의미론·논리학적인 문제들이었고, 이러한 문제에 접근하는 그들의 기본적 입장에는 공통성이 더 많았다. 첫째, 그들은 정치적·윤리적 관심을 특정 가치체계에 대한 선호보다는 객관적 자연세계의 사실에 대한 인식을 토대로 제기했다. 그들보다 앞선 시대에 공자나 묵가(전기묵가), 도가가 직접적으로 윤리·정치적 이슈를 전면에 내세웠던 반면, 이들은 자연사물에 대한 인식과 그런 인식을 통해 윤리·정치적 이슈를 해결하려고 했다.[31] 둘째, 이것은 기존의

29 부분과 전체의 세계관은 일종의 유기체적 세계관이다. 물론 이때의 부분과 전체의 세계관은 개별자의 존재를 부정하지 않는다.

30 단적으로 단명(單名)과 복명(復名)의 지칭 문제와 같은 것이다. 단명이란 "마", "백"같이 단수로 이루어진 이름이고, 복명이란 "백마", "견백", "우마"와 같이 둘 이상의 단명으로 이루어진 이름이다.

31 『장자』「천하」편의 혜시에 대한 평가에서 "덕(德)을 쌓는 일에는 약하고, 사물의 이치에는 강하다"라는 말이 있는데, 이는 명가나 후기묵가에도 그대로 적용될 수 있다. 유가의

주류 철학과도 공통적인데, 세계와 세계 내의 사물을 보편과 개체의 관계보다는 전체와 부분의 관계로 보았다. 물론 그들은 주류 철학과는 다르게 부분과 전체의 관계를 단순한 유기체적인 것만이 아니고, 개체와 그 개체들 간의 유사성으로 생각한 것도 사실이다. 예컨대, 백마 전체는 개체 백마들이 공유하는 유사성을 가리킨다. 셋째, 그들의 언어관은 언어의 규범적 기능이나 역할에 일차적으로 주의를 기울였다기보다는 다분히 언어가 세계와의 대응을 통해 의미를 갖는다는 언어의미론으로서의 대응설 혹은 그림설(picture theory of meaning)에 바탕을 두었다. 넷째, 그들은 대응설 또는 그림설의 관점에서 세계 내의 구체적 사물은 언어를 통해 지칭될 수 있지만, 지칭작용이나 전체 세계는 지칭될 수 없거나 다른 방식으로 지칭된다고 생각했다. 다섯째, 언어와 세계의 관계에서 혼란은 단명(單名)과 사물 사이가 아니라, 복명(複名)과 그 복명이 가리키는 대상의 관계에서 일어날 수 있다고 생각했다.

이런 공통점들은 『묵경』에서 겸(兼)(혹은 진[盡])과 체(體)의 관계에 대한 논의, 단명일 때와 복명일 때 각각의 경우 지칭대상의 문제, 『공손룡자』의 「백마론」, 「지물론」 등에서 보이는 복명과 단명 간의 관계, 지칭작용과 구체적 사물의 관계, 『장자』의 역물십사에서 보이는 혜시의 천지일체 사상, 언어를 통해 세계를 기술할 때 발생하는 모순적 상황에 대한 논의 등에서 잘 드러난다고 하겠다. 공손룡 · 혜시 · 후기묵가의 차이는 이러한 공통적 입장 하에서 제기된 것이므로, 우리는 변자들 사이의 관계를 대대적(待對的) 관계[32]에서의 차이로 이해할 필요가 있다. 따라서 혜시와

표현으로 하자면, 변자들은 도덕적 지식(德性之知)보다는 경험적 정보지식(見聞之知)에 더 관심이 있었다고 할 수 있다.

공손룡을 이해하기 위해 후기묵가를 적극적으로 이용하는 것은, 단지 후기묵가와 혜시 · 공손룡 사상의 차이를 보이기 위해서만이 아니라, 바로 이들 사이에 존재하는 커다란 공통성을 통해 공손룡과 혜시의 사상이 적극적으로 해명될 수 있다고 보기 때문이다. 다시 말해 부정적인 방식으로 공손룡과 혜시의 사상을 드러내기 위해 『묵경』에 주목한 것이 아니라, 공손룡과 혜시의 사상이 도대체 어떠한 것인지를 보여주기 위해 『묵경』을 끌어들였다는 것이다. 물론 그 과정에서 혜시와 공손룡 학파의 사상을 담고 있다고 하여, 그동안 혜시의 사상과 공손룡의 사상으로 그 내용을 분류하여 이해해온 『장자』 「천하」편의 이른바 이십일사의 궤변들[33]도 적절하게 해석될 것이다. 이 책은 또한, 비록 후기묵가의 사상이 혜시나 공손룡보다 반드시 앞섰다고는 할 수 없지만, 묵가의 겸애사상이나 실용주의 사상을 후기묵가가 옹호하는 가운데, 후에 변자들 사이에서 논의되는 '부분과 전체'의 지칭이라는 공통적 문제의식이 자연스럽게 싹텄다는 가설을 조심스럽게 제기해보려고 한다. 이것은

---

32 '대대적 관계'란 유사성과 차이성을 가지면서 서로 의지하는 상보적(相補的) 관계를 말한다.

33 풍우란은 이를 '합동이조'와 '리견백조'로 배열했는데, 전자에는 '알에 터럭이 있다'(卵有毛), '영에 천하가 있다'(郢有天下), '개는 양으로 될 수 있다'(犬可以爲羊), '말은 알이 있다'(馬有卵), '두꺼비는 꼬리가 있다'(丁子有尾), '산은 입이 있다'(山出口), '거북은 뱀보다 길다'(龜長於蛇), '흰 개는 검다'(白狗黑)가 속하고, 후자에는 '닭발은 셋이다'(鷄三足), '불은 뜨겁지 않다'(火不熱), '수레바퀴는 땅에 닿지 않는다'(輪不碾地), '눈은 보지 못한다'(目不見), '지(指)는 포착되지 않으며, 사물은 끊임이 없다'(指不至 至不絶), '곱자는 네모를 만들지 못하고, 그림쇠로는 원을 그릴 수 없다'(矩不方 規不可以爲圓), '끌은 끌자루를 둘러싸지 않는다'(鑿不圍枘), '나는 새의 그림자는 결코 움직인 적이 없다'(飛鳥之景未嘗動也), '쏜 살은 가지도 않고 멈추지 않을 때가 있다'(鏃矢之疾而有不行不止之時), '강아지는 개가 아니다'(狗非犬), '노랑말-검정소는 셋이다'(黃馬驪牛三), '고아 망아지는 어미가 있은 적이 없다'(孤駒未嘗有母), '한 자의 회초리를 날마다 양분하면 영원히 계속된다'(一尺之捶日取其半 萬世不竭)가 있다. 풍우란 저, 박성규 옮김, 『중국철학사』(상), 서울: 까치출판사, 2002, 346~353쪽.

중국의 주류 전통과는 다른 변자들의 사상이 어떻게 형성되었는지를 보여주는 작업이 될 것이다.

후기묵가와 명가의 사람들이 차이점보다는 공통점을 더 많이 가지고 있다는 나의 주장은 다음과 같은 『묵경』 구절들을 통해서도 어느 정도 지지된다.

> (경) 소-말이 소가 아니라는 것을 부정하는 것은 긍정하는 것과 같은 근거가 있다. 그 이유는 겸(兼)에 있다.
>
> (설) 어떤 것이 소가 아니기에 그것들이 소가 아니라고 하는 것이 가능하다면, 어떤 것은 소가 아니라도 어떤 것은 소이기에 그것들이 소라고 하는 것이 똑같이 가능하다. 그러므로 '소-말이 소가 아니다'나 '소-말이 소이다'가 가능하지 않다면, 어떤 것이 가능하지만 어떤 것은 가능하지 않아서, '소-말이 소이다가 가능하지 않다'도 마찬가지로 가능하지 않다. 게다가 소도 말도 둘은 아니지만 소와 말이 둘이라면, 소가 소가 아니지 않고, 말이 말이 아니지 않아서 '소- 말이 소가 아니고 말이 아니다'라는 것에 어려움이 없다.[34]

먼저 "우마비우비마"(牛馬非牛非馬, 소-말은 소도 아니고, 말도 아니다)라고 하는 표현에 집중해보면, 그것은 공손룡의 "백마비마"(白馬非馬, 흰말은 말이 아니다)와 유사하게 이해될 수 있음을 알 수 있다. 왜 백마가 비마인가? 공손룡은 그 첫 번째 이유로 백이 마가 아니기 때문이라고 하였다. 위에서

34 "不可牛馬之非牛 與可之同 說在兼"(經下) "或不非牛而非牛也 可 則或非牛或牛而牛也 可 故曰 牛馬非牛也 未可 牛馬牛也 未可 則或可或不可 而曰 牛馬牛也未可 亦不可 且牛不二 馬不二 而牛馬二 則牛不非牛 馬不非馬 而牛馬非牛非馬 無難"(經說下). 이 부분의 분절과 번역은 그레이엄을 따랐다. Graham, *Later Mohist Logic*, pp. 439~440.

후기묵가는 공손룡과 마찬가지의 논리를 사용하여, 즉 마가 우가 아니기에 "우마는 우도 아니고, 마도 아니다"(牛馬非牛非馬)라고 주장한다.

> 사물은 한 몸이니 그 이유는 구일(俱一, 함께 하나임)과 유시(唯是, 오직 이것)에 있다.
>
> 구. 구일(俱一)은 소-말이 네발인 것과 같다. 유시(唯是)는 소-말에 대해, 소를 세고 말을 세면 소와 말은 둘이지만, 소-말을 세면 소-말은 하나이다. 손가락을 세면 손가락은 다섯이지만, 그 다섯이 다시 하나가 되는 것과 같다.[35]

위의 『묵경』 구절도 공손룡의 "닭의 발은 셋이다"와 같이 사물과 개념을 같이 계산하는 입장으로 이해할 수도 있고, 혜시의 "두께가 없는 것은 쌓을 수 없으나 그 크기는 천리다"와 같이 하나의 기하학적 면에 대해 두께와 평면이라는 상이한 관점에서 보았을 때 가능한 주장으로 이해할 수도 있다.

> 이것을 이것으로 여기는 것과 이것을 저것으로 여기는 것은 같다. 그 이유는 다름에 있다.
>
> 명을 바르게 하는 것은 저것과 이것이다. 저것과 이것이 가능한 것이다. 저것을 저것이라고 해서 저것에 그친다. 이것을 이것이라고 해서 이것에 그친다. 이것을 저것이라고 하는 것은 불가하다. 저것이 이것이고, 이것 또한 저것이다. 이것과 저것은 또한 정해지지 않았다. 이것을 저것으로 여기는 것이 이것을 저것으로 여기는 것에 그쳐서 이와 같이 해서 이것을 저것으로 여기게 되면, 저것도 이것이고, 이것도 저것이다.[36]

---

35 "物一體也 說在俱一 惟是" 「經下」, "俱 俱一 若牛馬四足 惟是 當牛馬 數牛 數馬 則牛馬二 數牛馬 則牛馬一 若數指 指五而五一." 「經說下」.

위의 『묵경』 구절은 언어와 이름 사이의 필연적 관계를 부정하고, 모든 명명은 명명자의 관점이 들어간다는 명가와 도가의 입장을 잘 보여준다. 그럼에도 후기묵가는 이러한 명명 과정이 단순히 자의적이어서는 안 되고, 어디까지나 객관적이고 일관성 있게 이루어져야 한다고 보았다. 여하간 언어와 실재의 우연적 관계는 변자가 다 공유하는 통찰이었다.

그렇다면, 혜시 · 공손룡 · 후기묵가의 차이는 무엇일까? 일단 나는 후기묵가를 제외하고 혜시와 공손룡만을 명가로 보아온 역사적 사실에 주목한다. 그것은 후기묵가와 달리 혜시와 공손룡의 주된 초점이 명에 있었다는 것을 의미한다. 특별히 공손룡과 그 논적의 입장 차이는 그들 각자에게 명학이 무엇을 의미하는지를 잘 보여준다. 공손룡의 논적이 명은 실을 드러내는 것이라고 도구적으로 규정하는 데 비해, 공손룡은 이름의 차이, 개념의 차이를 무겁게 본다. 공손룡의 논적이 꼭 후기묵가라고 할 수는 없겠지만, 이런 입장이 비교적 후기묵가와 유사한 것은 사실이다. 공손룡과 논적의 차이를 '백마비마'론을 통해 살펴보자. 공손룡은 '백마는 마이지만, 마가 백마는 아니라는 점을 들어 백마는 마가 아니다'라고 한다. 즉 마와 백마 개념 사이의 포섭관계나 그 차이에 주목한다. 반면 공손룡의 논적은 '눈앞에 있는 백마에 대해 마라고 할 수 있음'을 들어, 백마는 마라고 할 수 있다고 한다. 개념적으로만 이야기한다면, 공손룡은 마가 백마의 충분조건이 아니기에 '백마비마'라고 할 수 있다고 하는 데 반해, 논적은 마가 백마의 필요조건이기에 적어도 백마는 마라는

36 "循此循此與彼此同 說在異"「經下」, "彼 正名者彼此 彼此可 彼彼止於彼 此此止於此 彼此不可 彼且此也 彼此亦可 彼此止於彼此 若是而彼此也 則彼亦且此此也"「經說下」.

주장이 가능하다고 하는 것이다. 이렇게 보았을 때, 공손룡은 어떤 표현 성립의 필요충분조건을 찾는다면, 공손룡의 논적은 필요조건을 찾는다고 할 수 있다. 후기묵가가 『묵경』 처음에 필요충분조건과 필요조건을 구분하여 제시한 것은 이 점에서 매우 시사적이라고 할 수 있다.[37] 어쨌든 공손룡의 언어에 대한 요구조건이 훨씬 더 강하다는 것을 알 수 있다. 혜시의 입론은 "명무고실"(名無固實)에 입각한 표현의 다양성이다. 혜시는 후기묵가처럼 명이 실을 드러내야 한다고 보지만, 이로부터 한 걸음 더 나아가 명과 실의 관계가 임의적이라고 여겼다. 혜시와 후기묵가의 차이점은 혜시가 임의성에서 자의성을 보았다면, 후기묵가는 객관성을 보았다는 것이다.[38] 그럼에도 불구하고 혜시는 후기묵가와 달리 무한에 대해 언어적 표현이 가능하다고 생각했다. 혜시의 '천지일체'(天地一體)라는 표현이 이를 단적으로 보여준다.

2. 명학의 전개: 명분론에서 명실론으로, 그리고 다시 명분론으로

공손룡 · 혜시 · 후기묵가의 명학을 이해하기 위해서는 먼저 명학의

---

37 뒤에서 말하겠지만, 후기묵가의 작업도 공손룡의 논쟁자와 마찬가지로 기본적으로 필요조건을 찾는 작업이었다.

38 한센은 흥미롭게도 후기묵가가 장자와 마찬가지로 명에 대한 회의주의에 빠져들었다고 주장한다. 이럴 경우, 한센이 여기서 말하는 회의주의의 입장이 언어의 임의성을 강조하는 혜시의 입장과 유사하므로 사실상 후기묵가와 혜시의 입장에 큰 차이가 없게 된다. Chad Hansen, *Language and Logic in Ancient China*, Ann Harbor: University of Michigan Press, 1983, p. 139.

일반적인 의미와 그 전개 과정을 살펴볼 필요가 있다. 명학이란 앞서 말한 대로 명(名)과 실(實)의 관계에 대한 논의를 말한다고 할 수 있는데, 단순히 그 관계를 탐구하는 것에 그치지 않고, '명과 실의 일치'(名實相合)를 목표로 한다. 명(名)은 이름(명칭)이나 명분[39]으로, 실(實)은 대상이나 실질, 실리로 번역할 수 있는데, 각각의 경우에 모두 명실일치를 말할 수 있다. 즉 명실일치는 이름과 실제 대상의 일치는 물론 명분과 실질 혹은 명분과 실리의 일치로도 해석될 수 있다. 전자는 명실론 상에서의 명실일치이고, 후자는 명분론 상에서의 명실일치이다. 명실론과 명분론의 차이는 명학의 역사적 발전 과정을 통해 더 잘 이해될 수 있다.

명학의 전개에 대한 고찰은 아무래도 공자의 정명론, 즉 명분론에서 시작될 수밖에 없을 것이다.[40] 공자에게 정명(正名)은 이름이 어떻게 대상을 적절히 지칭할 수 있느냐, 즉 명실일치의 문제가 아니었다. 다시 말해 명실론의 맥락에서 나온 주장이 아니었다. 공자는 정치가 자신의 손에 맡겨진다면 무엇을 제일 먼저 하겠냐는 자로의 질문에 정명(正名)을 이야기하고, 의아해하는 자로에게 다음과 같이 그 이유를 설명하였다:

> 이름이 바르지 않으면 말이 순하지 않고, 말이 순하지 않으면 일이 이루어지지 않는다. 일이 이루어지지 않으면 예악이 흥성하지 않고, 예악이 흥성하지 않으면 형벌이 공정하지 않게 된다. 형벌이 공정하지 않으면 백성들이 어찌할

39 명분(名分)은 '(명칭에 따르는) 본분'을 의미하는 것으로, 우리가 사회관계 속에서 갖게 되는 명칭은 그 명칭에 걸맞은 본분, 즉 당위적 역할과 의무를 수반한다. 이런 점에서 유가의 정명론은 대체로 명분론의 범위 안에서 다루어진다.

40 물론 이러한 견해에 도전하는 학자도 있다. 크릴(H. G. Creel)은 공자의 정명에 관한 구절이 후대에 삽입된 것이라고 보았다. cf. H. G. Creel, *Confucius, the Man and the Myth*, New York: Harper Torchbooks, 1949.

줄을 모른다. 그러므로 군자는 이름을 붙이면 반드시 말할 만하게 하고, 말은 반드시 실천할 수 있게 한다. 군자는 그 말에 구차한 것이 없다.[41]

여기서 공자는 명(名)을 단순히 이름으로 이해한 자로에 대해 비판하고 있는 듯하다. 명을 바로잡는 것이 정치의 첩경이라는 것은 명의 발화가 '수행적'(performative) 기능을 가지고 있는 하나의 언어행위[42]라는 가정 아래서만 손쉽게 이해될 수 있다. 명(名)을 이름, 실(實)을 그 이름이 가리키는 대상사물로만 이해하면 명(名)이 가진 규범적 혹은 수행적인 측면이 단번에 무너진다. 정명(正名)을, 실재를 정확히 드러내는 이름을 사용해야 한다는 주장으로만 이해하면, 이러한 정명의 방식으로 정치적 안정을 가져올 수는 없기 때문이다. 그런 의미의 정명은 기껏해야 개념적 명료성을 의미하므로, 우리는 당연히 공자의 제자 자로처럼 공자의 정명이 가져올 정치적 효과에 의문을 가지지 않을 수 없었을 것이다. 공자는 정치의 선제조건으로 개념적 명료성을 말하지 않았다. 또한 『논어』에서 위의 구절과 더불어 정명 사상을 논의할 때 흔히 인용되는 "군군신신부부자자"(君君臣臣父父子子)[43]의 경우에도 이와 같은 문제가 있다. 만약에 이 구절이 언어적 표현을 통해 실재를 정확히 드러내야 한다는 주장에 관한 것이라면, "군군신신부부자자"(君君臣臣父父子子)는 군(君)을 "군"(君)으로 부르고, 신(臣)을 "신"(臣)으로 부르고, 부(父)를 "부"(父)로 부르

41 "名不正 則言不順 言不順 則事不成 事不成 則禮樂不興 禮樂不興 則刑罰不中 刑罰不中 則民無所措手足 故君子名之必可言也 言之必可行也 君子於其言 無所苟已矣" 『논어』「자로」.

42 발화행위는 그 자체가 어떤 기능을 수행하는 행위라는 사고이다. 지칭적 · 서술적 의미와 구별되는 언어의 수행적 의미에 대해서는 J. L. Austin의 *How To Do Things with Words*, 2d ed., Cambridge: Harvard Univ. Press, 1975 참조.

43 『논어』「안연」.

고, 자(子)를 "자"(子)로 불러야 한다는 주장에 불과하게 된다. 그러나 공자의 의도가 그런 것이 아니었다는 것은 분명하다. 공자의 의도는 군(君)이라면(실제 군의 지위를 갖는다면) 군(君)의 의무나 역할을, 신(臣)이라면(실제 신의 지위를 갖는다면) 신(臣)의 의무나 역할을 다해야 한다는 것이었으리라. 사람들이 공자의 명실(名實)에서 명(名)을 명분(名分)[44]으로 이해하고, 실(實)은 그런 명분(名分)이 적용되어야 할 현실(現實)로 받아들인 것은 너무도 당연한 일이었다. 이런 의미에서 공자의 명, 아니 유가의 명은 사물의 이름이 아니라, 신분이나 위계를 나타내는 칭호[45]를 가리킨다. 나아가 유가의 명은 그런 칭호와 연결되어 있는 직분이나 의무를 의미했다.

공자의 이러한 정명론, 즉 명분론은 맹자에 와서 다소 명실론적 전환을 보인다. 맹자는 정명론을 암시하는 한 구절에서 은의 폭군 주(紂)를 처단한 무왕의 행위가 임금을 시해한 행위(弑)가 아니라, 한 필부를 죽인 행위(殺)라는 입장을 폈다.[46] 이것은 얼핏 보면, 공자의 '군군신신부부자자'나 '고불고'와 같이 명분을 좇아야 하는 절대적 당위성을 천명한 것과는 거리가 있는 입장이다. 이는 하나의 정치적 사건을 어떻게 표현할 수 있는가의 문제, 즉 언어적 표현을 정확히 하는 문제로 한 걸음 더 나아간 것이라고 할 수 있다. 즉 명분과 실제 상황의 불일치에 대한 고민이

44 여기서 명분이란 이름에 의해 지칭되는 대상에게 요구되는 사회적 의무 · 역할 · 본분을 의미한다. 영어로는 'name-related-norms'나 'name-related-roles'로 번역할 수 있지 않을까 싶다.

45 정명론의 후기발전을 보여주는, 『순자』의 「정명」, 『춘추번로』의 「심찰명호」를 살펴보면 명의 이런 의미가 잘 드러난다.

46 『맹자』 「양혜왕하」.

아니라, 어떤 대상에 어떤 이름을 적용해야 하는지에 대한 고민을 한 것이다. 어떤 문제 상황에 대해 거리를 두고, 일종의 메타적 고민을 한 것으로 이해할 수 있다. 물론 여기서도 언어의 당위적 사용 혹은 명분론적 사용이 강조되고 있기에, 여전히 공자와 마찬가지로 언어의 수행적 기능이 주목되고 있다. 특정 언어 표현에 대한 맹자의 선호, 즉 "시"(弑) 대신에 "살"(殺)이라는 표현을 선호한 것은 단순히 언어 표현 사용상의 문제가 아니다. 이러한 언어적 발화행위를 통해 하나의 정치적 행위가 이루어지고 있다는 점에 유의해야 한다. "시"(弑) 대신에 "살"(殺)이라는 표현을 씀으로써, 맹자는 임금으로서의 역할과 임금으로서 따라야 할 규범을 지키지 못한 자는 임금이 아니고, 따라서 그런 임금을 죽인 것은 당연하고 올바른 것임을 선언하고 있는 것이며, 이 선언이 바로 혁명의 행위인 것이다.

고대 중국철학에서 언어에 대한 관심은 이처럼 명의 규범적 힘(normative force)을 인정하는 것에서 시작되었지만, 점차 명의 기술적 기능(descriptive function)을 인정하는 경향성이 짙어진다. 규범적 힘으로서의 명은 마술적인 권위와 힘을 지니고 있는 반면, 기술적 기능에서의 명은 그렇지 않다. 그것은 단순히 실(實)을 가리키는 도구의 역할을 할 뿐이다. 물론 세부적으로는 명의 규범적 힘을 간직하고 있는 공손룡과 명의 기술적 기능의 측면을 강조하는 혜시 · 후기묵가의 차이[47]를 인정할 수 있지만, 우리가 이 책에서 다루는 변자들의 명학은 큰 틀에서 명의 기술적 기능에 주목하

47 공손룡은 백마, 견백석과 같은 자연사물을 통해 명학(名學)을 수행함으로써 명(名)의 신비화를 지양하지만, 그에게는 명에 대한 강한 선호성이 있다. 명에 대해 일종의 마술적 힘을 인정하고 있다.

는 것으로 이해해야 한다. 여하튼 공자와 맹자의 명분론적 정명에서 변자들의 명실론적 정명으로의 이러한 전환은 어쩌면 역사상 불가피한 것이었는지도 모른다. 『한서』 「예문지」에서는 다음처럼 말한다:

> 명가에 속하는 사람들은 모두 예관(禮官)에서 나왔다. 옛날에는, 직함과 지위가 다르면 예(禮)도 또한 다르게 하였다. 공자가 말하기를 "반드시 이름을 바르게 할 것이다. 이름이 바르지 않으면 말이 순리롭지 못하고, 말이 순리롭지 못하면 일이 이루어지지 않는다"라고 했는데, 이것이 그들이 장점으로 삼는 것이었다. 그러나 논변을 위한 논변의 경우에는 참으로 들추어내고 깨뜨리고 분석하고 어지럽히는 행위일 따름이었다.[48]

이와 같은 비규범화는 아마도 상황이 변화하면서 유가의 전통적 언어관이 지닌 지나친 이념 편향성이 자연스럽게 노정되는 과정에 따른 불가피한 반성 작업의 시작이었을 것이다. 후기묵가의 초기 저작인 『묵경』 「대취」 편에서 이런 '명실불필합'(名實不必合, 실재는 반드시 이름과 같지는 않다)의 당시 상황이 묘사된다:

> 여러 성인이 먼저 한 것은 사람으로 하여금 명실을 본받게 하는 것이다. 이름과 대상은 반드시 일치하지 않는다.[49] 만약 이 돌이 희다면 이 돌을 깨뜨려도 모두 희다. 이 돌이 비록 크지만 (깨뜨리면) 모두 크지는 않다. 여기에는 그렇게 말하게 하는 것이 있기 때문이다. 형체와 모습을 통해 명명하는 것은 이것이 무엇이다(어떠하다)는 것을 반드시 안다. 곧 무엇임을 안다.

---

48 "名家者流 蓋出於禮官 古者名位不同 禮亦異數 孔子曰 必也正名乎 名不正則言不順 言不順則事不成 此其所長也 及警者為之 則苟鉤釽析亂而已" 『한서』 「예문지」.

49 손이양은 이 구절을 '명실불필명'(名實不必名)으로 고치고, 그레이엄은 '명실불필합'(名實不必合)으로 고쳐 해석한다. 여하간 그 의미는 크게 다르지 않다.

형체와 모습으로 명명하지 않는 것은 비록 이것이 무엇이라는 것을 알지 못한다고 해도, 무엇이라고 할 만하다는 것은 안다. 머무르고 움직이는 것으로써 명명하는 것은 진실로 그 가운데에 들어가는 것이 모두 이것이 된다. 그것을 떠나는 것은 이 때문에 이것이 아니게 된다. 머무르고 움직이는 것으로써 명명하는 것은 향(鄕), 리(里), 제(齊), 형(荊)과 같은 것으로 모두 이것이다. 형체와 모습으로 명명하는 것은 산(山), 구(丘), 실(室), 묘(廟)와 같은 것으로 모두 이것이다.[50]

후기 묵가는 어떤 이름들이 실의 변화, 즉 예컨대 돌의 부서짐이나 어떤 거주의 변화 때문에 더 이상 그 실에 적용되어질 수 없게 되는 상황을 명실불필합(名實不必合)의 상황으로 제시하고 있다. 여기서 명실불필합의 상황을 묘사하면서, 후기묵가가 내놓은 이름들이 산(山), 구(丘), 실(室), 묘(廟)나 향(鄕), 리(里), 제(齊), 형(荊)과 같은 실제 대상사물들이나 백(白), 대(大)와 같이 실제 성질들에 대한 것들임에 주의할 필요가 있다. 후기묵가는 기존의 역할이나 규범이 사회현실에서 더 이상 설득력이 없다는 '명실불필합'(名實不必合)의 상황을 설명하기 위해 의도적으로 대상사물과 그것을 가리키는 명(名)이 잘 대응되지 않는 상황을 끌어들이고 있다. 다시 말해서 후기묵가는 명(名)이란 이런 실제 사물들을 가리키는 이름을 정할 때와 마찬가지로 그것이 어떤 종류의 명이건 무엇보다도 현실을 받아들이는 가운데, 새롭게 확립되어야 한다는 주장을 하는 셈이다. 그들에게 있어서, 현실적 적실성을 잃은 명의 규범성은 사실을 제대로

50 "諸聖人所先爲 人欲名實 名實不必名 苟是石也白 敗是石也 盡與白同 是石也唯大 不與大同 是有便謂焉也 以形貌命者 必智是之某也 焉智某也 不可以形貌命者 唯不智是之某也 智某可也 諸以居運命者 苟人於其中者 皆是也 去之 因非也 諸以居運命者 若鄕里齊 荊者皆是 諸以形貌命者 若山丘室廟者 皆是也"「大取」.

묘사하지 못하는 명과 마찬가지로 자신의 역할을 제대로 해내지 못하고 있는 것이다. 이렇게 명의 역할을 하지 못하는 명은 더 이상 명이 아니다. 이것이 우리가 이 책에서 주목하는 명의 기술적 의미에 치중한 정명의 전통이 전해주는 메시지다.

순자도 「정명」편의 첫 구절에서 옛 이름의 무용성과 함께, 새로운 실재를 반영하는 새로운 이름의 출현을 기대한다:

> 지금은 성왕들이 돌아가시어 이름을 지키는 일을 소홀히 하고 기이한 말들이 생겨나 명칭과 실물이 혼란스러우며 옳고 그른 형상이 분명치 않으니, 비록 법을 지키는 관리나 올바른 가르침을 외우는 유가라고 하더라도 역시 모두 혼란을 일으키고 있는 것이다. 만약 어떤 왕자가 출현한다면 반드시 옛 명칭을 따르기도 하고 새로운 명칭을 만들기도 할 것이다. 그러므로 명칭이 있어야 하는 필요성과 그것을 따라 같거나 다른 것을 구별할 수 있는 근거와 명칭을 제정하는 기본 원칙을 살피지 않으면 안 되는 것이다.[51]

순자는 고대 중국의 명학을 기술적 의미의 정명 전통에서 다시 규범적 의미의 정명 전통으로 복귀시킨 인물이다. 순자는 변자들에 의한 기술적 의미의 전통, 즉 현실에 입각해 새로이 명을 확립하는 시도에서 많은 것을 배웠지만,[52] 이들의 명학이 자칫 백성들을 국가 권위의 경시와

51 "今聖王沒 名守慢 奇辭起 名實亂 是非之形不明 則雖守法之吏 誦數之儒 亦皆亂也 若有王者起 必將有循於舊名 有作於新名 然則所為有名 與所緣以同異 與制名之樞要 不可不察也" 『순자』 「정명」.

52 『순자』 「정명」편뿐만 아니라 『순자』 전편에서 "A 謂之 B", "B 之謂 A"와 같은 표현을 써서, 명을 새롭게 정의하는 것을 볼 수가 있다. 이것은 분명히 변자의 명학 전통을 순자가 계승하고 있음을 보여준다. cf. A. S. Cua, *Ethical Argumentation*, Honolulu: University of

역사 전통으로부터의 일탈로 이끌지 않을까 우려했다. 순자에게 이것들은 인간 문화의 파괴를 의미했으므로, 그는 변자들에 대한 공격을 시작한다. 순자는 「정명」편에서 명(名)을 일차적으로는 사회적 관습으로 보면서도, 이를 모든 가치의 척도로서 받아들였으며, 변자들의 명학은 이런 공적인 명(名)의 의미를 자의적으로 고친 것으로 보고, 이를 도량형이나 부절을 위조한 대역죄로 단죄할 것을 주장하였다. 여기서 관습으로서의 규범의 상대성 주장과 사회 안정을 위한 예외 없는 규범 준수의 요구 사이에서 고민하는 순자의 이중적 모습이 드러난다. 순자의 삼혹(三惑)[53]은 명실론적 명학 전통에서 받아들여진 자의적 명실관계가 명분론적 명학 전통에서 어떻게 수용되어야 하는지에 대한 고민이 담겨 있다.

3. 접근 방법 및 텍스트 문제

공손룡과 혜시, 그리고 후기묵가의 학설들은 오랫동안 잊혀져오다가 필원 · 장혜원 · 손이양 등 청나라 고증학자들의 노력으로 겨우 읽히기 시작했다. 서양철학 수용 이후, 호적과 풍우란 등 초창기 중국철학사가들

Hawaii Press, 1985, pp. 88~137.

53 『순자』「정명」편에서 순자가 지적한, 당시 변자들이 저지른 세 가지 미혹이다. 그것은 후기묵가의 혹어용명이난명(惑於用名以亂名, 이름을 쓰는 것에 미혹됨이 있어 이름을 어지럽힘), 혜시의 혹어용실이난명(惑於用實以亂名, 실제를 쓰는 것에 미혹됨이 있어 이름을 어지럽힘), 공손룡의 혹어용명이난실(惑於用名以亂實, 이름을 사용하는 것에 미혹됨이 있어 실제를 어지럽힘)로 나누어볼 수 있다. 이들의 대표적 주장으로는 "도둑을 죽이는 것은 사람을 죽이는 것이 아니다", "산과 못은 평평하다", "백마는 마가 아니다"가 제시되었다. 물론 이들 주장들만 이 미혹에 해당하는 것은 아니지만, 변자들의 명학을 다루려는 이 책의 성격상 여기서는 일단 이들만 언급하겠다.

은 중국 전통 철학에서 논리적이고 합리적인 '서구 사유와의 유사성'이 있는 이들 철학에 주목하였다. 하지만 20세기 중반 이후는 오히려 지지부진한 면이 있었다. 이는 호적과 풍우란 등 현대 중국철학자들의 명가 해석이 지나친 서구적 편견 때문에, 오히려 명가의 사상을 고대 중국철학의 주요 흐름과 연결시키는 것에 실패했기 때문이다. 이러한 명가의 사상을 고대 중국철학사에 다시 자리매김하도록 하는 데 크게 이바지한 사람은 그레이엄(A. C. Graham)이라는 서구 학자였다. 그는 20여 년에 걸친 후기묵가에 관한 연구 성과를 바탕으로 1978년에 『후기묵가의 논리, 윤리학과 과학』(*Later Mohist Logic, Ethics and Science*)이라는 야심작을 내놓고, 다음으로 이러한 성과를 장자와 연결시킨 주목할 만한 『장자』 번역본을 내놓는다. 그레이엄의 학적 성과 덕택에 우리는 후기묵가의 작업이 명가는 물론 도가 · 순자 등 고대 중국사상을 한 단계 발전시키는 데 크게 공헌하였음을 확인할 수 있게 되었다. 이에 따르면 변자들의 명학은 공자 · 순자 · 노자 · 장자 · 한비자 등의 명학과 달리 규범적이거나 정치적이지 않았고, 따라서 비록 고대 중국철학 안에서 비주류였지만, 이들의 철학 방법은 주류 사상가들에게 크게 영향을 주어 고대 중국의 사유를 한 단계 진척시켰음을 보여주었다는 것이다. 물론 그레이엄의 작업은 완성된 것이 아니라, 본격적인 고대 중국철학사 연구가 시작되었음을 알리는 것이었다.

『묵경』은 그 구성도 상당히 독특해서, 특히 『묵자』 40~43장에 해당하는 「경상」(經上), 「경하」(經下), 「경설상」(經說上), 「경설하」(經說下)는 윤리 · 과학 · 언어 · 논리 · 지식론 부분의 주요 개념들에 대한 짤막한 '정의 형식'(~는 ~이다)과 '설명 형식'(그 이유는 ~에 있다)의 틀을 경(經) 안에, 혹은 경(經)과 경설(經說)의 대응체계 안에 구현하고 있다.

나는 이 책을 통해 필원이나 손이양 같은 청대 고증학자들의 주석뿐만 아니라, 근대의 호적과 풍우란의 명학 해석의 의미, 그리고 최근의 그레이엄이나 한센 같은 서구권 중국 학자들의 명학 해석의 성과와 한계에 대해 논의하고, 더 나아가 중국 고대 명학을 당대의 사상적 문맥에 철저히 근거하여 고려하면서도, 보편적인 철학적 의미를 드러내는 방식으로 다루어보고자 한다. 이를 통해 궁극적으로 공손룡과 혜시는 각각 단순히 리견백(離堅白), 합동이(合同異)의 논리를 제시한 궤변가들에 지나지 않는다거나, 개념의 절대성과 사실의 상대성에 관심을 가진 철학자라는, 후기묵가는 그러한 명가의 궤변을 상식의 차원에서 비판하였다는 기존의 해석을 지양해보고자 한다.

내가 변자들의 사고를 해명하기 위해 이 책에서 채택한 방법은 먼저 '상호 참조'(cross-reference)이다. 이는 변자들의 주장, 특히 혜시의 주장들이 단편적 주장 혹은 일방적 선언인 경우가 많기 때문이다.[54] 『장자』 등에 나타나는 혜시와 혜시학파[55]의 주장들 속에는 혜시가 도대체 어떤 근거에서 그런 역설적 주장을 했는지 그 도출 과정이 보이지 않는다. 따라서 우리는 다른 문헌들 속에서 간접적으로나마 혜시 주장의 근거가 될 만한 단서들을 찾아내야 한다.[56] 물론 우리가 여기서 주목하는 주된

---

54 사실 『공손룡자』는 선진 철학의 저작들 중에서 『묵경』을 제외하고는, 아니 어떤 측면에서는 『묵경』보다 더 논증적이다. 혜시와 달리 주장의 근거가 분명히 제시되어있다. cf. A. C. Graham, *Disputers of the TAO: Philosophical Argument in Ancient China*, La Salle: Open Court, 1989, p. 82.

55 풍우란은 『장자』 「천하」편의 21개 궤변들을 각각 공손룡학파와 혜시학파로 나누어 분류하였다.

56 예컨대, 역물십사는 그 하나하나가 결론적 주장에 해당하는 것인지, 아니면 마지막 명제가

문헌은 『묵경』이다. 『묵경』은 그 내용의 난해함과 이질성으로 인해, 필사본으로 전해오는 과정에서 많은 착간과 빠짐, 덧붙임이 있어왔고, 그 결과 더욱 해독이 어려운 상태가 된 책이다. 그러나 그 어느 책보다 변자들의 명학을 풍부하게 함유하고 있다. 또한 우리는 『한서』「예문지」, 『여씨춘추』, 『회남자』, 『춘추번로』 등 한대(漢代)의 역사서나 철학서들에 남아 있는 변자들에 대한 간접 자료들도 변자들의 사상을 확인하기 위해서 참조할 것이다.

명가와 후기묵가 저작의 문헌학적 연구도 병행해서 사용해야 한다. 혜시의 주장이 주로 들어 있는 『장자』의 문헌 분석도 필요하지만, 현재 위작의 논란이 있는 『공손룡자』의 내용 및 책의 성립 시기도 공손룡의 사상을 다룸에 있어서 염두에 두어야 하기 때문이다. 그러나 사실 상호 참조와 문헌학적 방법은 어디까지나 명학의 의미를 드러내는 데 보조적 역할밖에 할 수 없다. 왜냐하면 궁극적으로 의미를 드러내는 작업은 가설이나 이론을 통해 이루어지기 때문이다. 그들이 왜 그러한 역설적 주장을 하게 됐는지, 그들 주장의 이론적 · 실천적 함축은 무엇인지가 물어지지 않고는 어떠한 의미 있는 발견도 이루어질 수 없다. 나는 명학의 관심이 기본적으로 부분과 전체 및 언어와 세계의 관계라는 형이상학 · 지식론 · 논리학 · 언어의미론 등의 영역에 걸쳐 있고, 이러한 관심은 명학이 기본적으로 겸애라는 윤리적 · 사회적 주장을 옹호하는 와중에 태동되었다고 생각한다. 나는 이 가설을 통해 후기묵가 · 혜시 · 공손룡의 주장들이 일관적으로 해명될 수 있음을 보이고자 한다.

결론이고, 나머지는 그 결론을 옹호하기 위한 전제들인지 논란이 있어왔다.

『묵자』와 『묵경』

변자들의 사상을 알아보기 위한 첫 시도는 아무래도 『묵자』, 그중에서도 『묵경』으로부터 시작해야 한다. 이는 『묵경』이 변자들의 사상이 기록되어 있는 가장 앞선 텍스트여서라기보다, 가장 풍부하고 믿을 만한 논의를 담고 있는 텍스트이기 때문이다. 그렇다면 먼저 『묵자』와 『묵경』 텍스트에 관해 간단히 살펴보자.

묵가의 동시대나 이후의 사상가들의 전언에 의하면 묵가는 전국시기에 그 세력을 크게 떨친 학파였다. 양주학파(楊朱學派), 유가와 함께 당시 가장 영향력 있는 학파였다고 한다.[57] 양주학파가 생명을 강조하는 은둔주의 사상가들이고, 유가는 가족 윤리를 바탕으로 한 국가 통치를 강조하는 사상가들이라면, 묵가는 겸애(兼愛)라는 무차별적 사랑을 강조하는 사상가들이라고 할 수 있다. 이처럼 이들 세 학파의 관점은 나름대로 분명한 특성을 가지고 있다. 제자백가사상은 바로 이러한 기본적 사유 경향들의 상호 교류를 통해 세련되게 발전해갔다고 보면 된다. 그런데 흥미로운 점은, 묵가에 대한 상대 학파들의 평가가 물론 대체로 부정적이지만 생각만큼 그렇게 극단적으로 혹독하지는 않다는 것이다. 추측컨대, 그것은 겸애(兼愛)와 비공(非攻)이라는 묵가의 기본 교리가 상대 학파들로 하여금 적어도 묵가는 개인적 이득을 위해 의로움을 저버리거나, 벼슬이나 헛된 명예에 집착할 사람들이 아니라는 생각을 하게 했기 때문일 것이다. 한마디로 비록 실행하기 어려운 극단적 주장을 하기는 하지만, 어쨌든 공적인 것을 위해 자기를 희생하는 선한 의지를 중요시하는 학파로 간주되었다는 것이다.[58] 따라서 묵가에 대한 비판은 주로 그

57 『한비자』「현학」, 『맹자』「등문공상」「등문공하」「진심하」.

사상의 실행 가능성, 구현 가능성에 회의를 제기하는 것에 집중되었고, 묵가도 자연스럽게 이러한 비판을 의식하고 이를 해결하기 위해 노력하게 되었다.

『한서』「예문지」에 따르면 『묵자』는 원래 71편으로 되어 있으나, 현재 남아 있는 『묵자』는 53편이다. 그러나 이 53편으로 구성된 『묵자』도 당대(唐代)로부터 명초(明初)까지는 거의 알려지지 않았다. 이 시기에는 현존하는 『묵자』 전반부의 13편만 수록된 책이 알려져 있었으나, 다행스럽게도 『묵자』는 다른 제자백가의 문헌처럼 『도장』(道藏)에 고스란히 보존되어 있어서, 명대 이후에는 현재와 같은 53편의 『묵자』가 인구에 회자되었다고 한다. 『묵자』의 내용은 학자 간에 다소의 차이가 있지만 대체로 다섯 부분으로 나누어볼 수 있다:

제1단: 제1편～제7편 / 잡다한 내용으로 되어 있는 묵가의 개론이다.
제2단: 제8편～제39편/ 이른바 묵자의 10대 주장인 묵가의 핵심 교설이 다루어지고 있다. 명귀(明鬼), 천지(天志)와 같은 종교사상이 중요하다.
제3단: 제40편～제45편/ 후기묵가의 저작으로 묵가의 논리학과 과학사상이 논의된다.

58 여러 학파 중에서 비교적 혹독하게 묵가를 공격하는 것은 유가이다. 유가는 묵가의 사유가 기본적으로 자신의 부모와 타인의 부모 간의 차이를 인정하지 않는 입장, 즉 그들의 표현을 빌리자면, '두 개의 뿌리를 옹호'하는 태도라고 본다. 『맹자』「등문공상」 참조. 그러나 『장자』「천하」에 나타난 묵가에 대한 평가는 그리 혹독하지는 않다. 묵가의 주장은 단지 보통의 사람들이 감당하기 힘든, 즉 인심에서 벗어난 것이라고만 한다. 도가를 존숭한 사마천의 『사기』에도 묵자에 대한 평가는 간략하지만, 혹독하지는 않다.

제4단: 제46편~제51편/ 묵자의 언행이 기술되어 있다.

제5단: 제52편~제71편/ 방어전쟁에 관한 내용이 있다.[59]

이 중에서도 묵가의 핵심 교설을 알 수 있는 두 번째 부분, 즉 전기묵가의 윤리, 정치학설을 알아볼 수 있는 부분과 후기묵가의 과학과 논리 사상을 잘 알 수 있는 세 번째 부분이 묵가의 사상을 알아보는 데 긴요한 것들이다. 이 세 번째 부분, 즉 『묵자』의 40편~45편이 『묵경』 혹은 『묵변』이라고 칭해지는데, 이것이 바로 묵가의 명학이 전개되는 부분이다.

『공손룡자』

『한서』「예문지」에 따르면 『공손룡자』는 14편으로 되어 있다. 그러나 현행본 『공손룡자』는 단지 6편뿐이다. 그나마도 현행본 『공손룡자』는 위작 논란이 있다.[60] 물론 중국 고전 중에 어느 고전도 그 책의 진위 문제와 책이 씌어진 시기에 있어서 논란을 비껴가고 있는 책은 없다. 심지어 『논어』조차도 그 저자와 저작 연대에 관한 논란이 있다. 그럼에도 불구하고, 『공손룡자』의 성립 시기가 그레이엄의 주장처럼 기원후 5세기까지 내려오는 것[61]은 우리의 논의를 위해 반드시 짚어볼 필요가 있다.

---

59 호적, 양계초, 풍우란 등은 대체로 위의 구분에 동의하고 있다. 그레이엄(A. C. Graham)도 제38편, 제39편을 따로 떼어내어 이것을 독립적인 것으로 보는 점 이외는 대체로 위의 구분에 동조하고 있다.

60 요제항(姚際恒)은 그의 『고금위서고』(古今僞書考)(1647)에서 『수서』「경적지」에 『공손룡자』가 빠져 있는 점을 들어 현행본 『공손룡자』의 위서 가능성을 제기하였다. 『수서경적지』(隋書經籍志)에서는 도가 저작들 중에서 『수백론』(守白論)이라는 책을 거론한다. 어떤 학자들은 이 책을 『공손룡자』로 본다.

61 Michael Loewe, ed., *Early Chinese Texts: A Bibliographical Guide*, The Society for the Study of Early China, 1993, p. 254.

물론 이 책이 알려진 것보다 훨씬 후대에 형성된 것이라고 해서, 완전히 후대의 조작이라는 것은 아니다. 그 안에는 전국시대의 사고가 반영되어 있을 수 있고,[62] 어쩌면 『공손룡자』가 『묵경』을 바탕으로 위조된 것이 아니라, 『묵경』의 내용이 『공손룡자』로부터 온 것일지도 모른다. 그러나 어쨌든 나는 이러한 위서 논란을 염두에 두고, 비교적 『묵경』과 직접적으로 겹치지 않는 부분을 공손룡의 주장으로 다룰 것이므로 이러한 염려를 어느 정도 상쇄시킬 수 있을 것이다. 그 부분은 「백마론」과 「지물론」[63]인데, 이 편들이 공손룡 당시에도 공손룡의 대표적 주장으로 간주되어온 만큼 공손룡의 사상을 해명하는 데 큰 어려움은 없을 것이라고 생각한다. 그밖에 장자 등에 흩어져 있는 궤변들 중 공손룡에 해당된다고 믿어져온 궤변들 또한 다룰 것이다.

이제까지 우리는 명학의 전개와 텍스트 문제를 주로 언급하였다. 명학은 명실일치(名實一致)의 이상을 확보하기 위한 시도이고, 이는 처음의 규범적 의미의 명(名), 즉 명분의 의미의 명(名)으로부터, 점차 사실적 의미의 명(名), 즉 이름이라는 의미의 명(名)으로의 의미 전환이라는 전개 과정을 보이며, 그에 대한 반동으로 다시 명분적 의미의 명으로 복귀하였다고 주장하였다. 이 책에서 다루는 명학은 바로 이 사실적 의미의 명(名)에 치중한 명학이라는 점도 주장하였다. 2장에서는 『묵경』을 중심으로 후기 묵가의 명학을 살펴본다. 변의 출현 배경과 변과 지식론, 언어의미론에

62 예컨대, 『장자』 「천지」에는 "辯者有言曰 離堅白 若縣寓"라는 말이 있다.

63 그레이엄은 추론의 종류, 언어적 규준, 외부적 증거 등에 입각해서 현행본 『공손룡자』에서 「백마론」, 「지물론」, 「통변론」의 일부가 공손룡의 진본이라고 한다. cf. A. C. Graham, *Studies in Chinese Philosophy & Philosophical Literature*, Singapore: The Institute of East Asian Philosophies, 1986, pp. 125~166.

초점을 맞출 것이다. 3장에서는 공손룡의 명학을 살펴본다. 여기서는 주로 공손룡의 「백마론」과 「지물론」을 다루고, 나아가 다른 편장 및 다른 저서에 등장하는 공손룡 계통의 궤변들에 대한 해석을 시도한다. 물론 2장에서 논의된 후기묵가의 명학을 근거로 공손룡의 철학이 음미될 것이다. 그것을 통해 『공손룡자』 중의 「견백론」, 「통변론」, 「명실론」 등이 공손룡의 사상을 해명하는 데 적극적으로 이용되지 않은 이유도 설명할 것이다. 4장에서 다루는 혜시의 명학은 더욱더 『묵경』의 내용이 필요하다. 혜시의 '역물십사'는 물론이거니와 기타 혜시학파의 궤변으로 알려진 것들도 그 근거가 제시되어 있지 않기 때문이다.[64] 혜시학파의 천지일체 이론과 묵가의 겸애론, 장자의 제물론 등의 사상이 어떤 차이를 지니는가도 논구될 것이다. 결론(5장)에서 우리는 『순자』 「정명」편을 중심으로, 공손룡 · 혜시 · 후기묵가의 명학에 대한 그 당시의 평가를 살펴보고, 나아가 명학의 의미와 한계 등에 대해 고찰하고자 한다.

64 물론 나는 혜시의 역물십사나 혜시학파의 주장들이 원래 근거가 제시되었는데, 이것이 소실되었다고 보지는 않는다. 변자들의 주장은 원래 이런 방식으로 제시되었을 것이다.

제2장

후기묵가의 명학: 상식과 내포(內包)의 논리

1. 변(辯)의 목적: 부분(體)과 전체(兼), 의도(志)와 성취(功)의 관계 해명을 통한 겸애와 실리주의의 옹호

현행본 『묵자』 제40-45편을 지칭하는 『묵경』 혹은 『묵변』이 어떤 성격의 것인지를 밝히기 위해서는 앞서 인용했던 노승의 『묵변주』 서문을 참조할 필요가 있다.

> 이름은 그것으로 같고 다름을 구별하고, 옳고 그름을 밝히는 수단이다. 그것은 도의로 나아가는 문이고, 정치적 교화의 기준이다. 공자는 '반드시 이름을 바로잡아야 한다. 이름이 바르지 않으면 일이 이루어지지 않는다'고 하였다. 묵자는 책을 쓰고, 변경(辯經)을 만들어서 이름의 근본을 세웠다. 혜시와 공손룡은 그 학문을 이어받아 별명을 바로잡음으로써, 세상에 이름을 떨쳤다. 맹자는 묵자를 비난했지만 그의 변어와 정사는 묵가와 같았다. 순자와 장자 등은 명가를 공격했지만, 그 논지를 바꿀 수 없었다. 이름은 반드시 형태가 있는데, 형태를 살피는 데에는 색을 구별하는 것만한 것이 없기에 견백(堅白)의 논변이

있었다. 이름은 반드시 분명해야 하는데, 분명한 것은 유무(有無)만한 것이 없기에 무후(無厚)의 논변이 있었다. 옳음에는 옳지 않음이 있고, 가한 것에는 가하지 않음이 있으니 이것을 양가(兩可)라고 이름한다. 같으면서도 다름이 있고, 다르면서도 같음이 있는 것을 변동이(辯同異, 동이를 분별한다)라고 일컫는다. 지극한 같음은 같지 않음이 없고, 지극한 다름은 다르지 않음이 없으니 이것을 변동변이(같음을 분별하고, 다름을 분별한다)라고 일컫는다. 동이는 시비를 낳고, 시비는 길흉을 낳으니 하나의 사물에서 분별하여 천하의 낮고 높은 곳을 다하는 것은 이름의 지극함이다. 등석 이래로 진나라 때의 명가에 이르기까지 대대로 그에 관한 전적이 많이 있지만 대단히 이해하기가 어려워서 후학들이 전승하여 익힐 수가 없었으니 세월이 지금에 이르기까지 500여 년이 되니 마침내 끊어져버렸다. 『묵변』에는 상·하경(經)이 있고, 경(經)에는 각각 설(說)이 있어서 모두 4편이다. 전체 책의 여러 편들과 이어 붙어 있기에 따로 떼어낸다. 여기에서는 이제 설을 끌어다 경을 설명하였는데, 각각 그 장에다 붙였으며 의심이 나는 곳은 비워두었다. 또 여러 잡다한 기록에서 채취하여 형명 2편을 모았고 그 취지를 간략하게 해설하였으니 후대의 군자를 기다린다. 간혹 미세한 것을 밝히고 끊어진 곳을 이어놓은 대목에서는 또한 그것에서 즐거움이 있었도다.[1]

노승에 따르면 『묵경』은 기본적으로 공자 정명사상의 취지, 즉 명을

1 "名者所以別同異 明是非 道義之門 政化之準繩也 孔子曰必也正名 名不正則事不成 墨子著書作辯經以立名本 惠施公孫龍祖述其學 以正別名顯於世 孟子非墨子 其辯言正辭則與墨同 荀卿莊周等皆非毀名家 而不能易其論也 名必有形 察形莫如別色 故有堅白之辯 名必有分 明分明莫如有無 故有無序之辯 是有不是 可有不可 是名兩可 同而有異 異而有同 是之謂辯同異 至同無不同 至異無不異 是謂辯同辯異 同異生是非 是非生吉凶 取辯於一物 而原極天下之汙隆 名之至也 自鄧析至秦時 名家者世有篇籍 率頗難知 後學莫復傳習 於今五百餘歲 遂亡絕 墨辯有上下經 經各有說 凡四篇 與其書眾篇連第 故獨存 今引說就經 各附其章 疑者闕之 又采諸眾雜集為刑名二篇 略解指歸 以俟君子 其或興微繼絕者 亦有樂乎此也" 「墨辯注」.

바로잡음을 통해 정치적 안정을 기하는 일과 관련이 있었으며, 이것은 명가의 동이·견백·유무와 같은 궤변의 논의를 그 내용으로 한다. 노승은 유가의 명분론적 정명사상과 명가의 궤변적 명가사상을 서로 상응하는 이론으로 보았으며, 묵가의 명학사상을 이 둘을 관통하는 것으로 본 것이다. 그런데, 노승이 이 명학을 다룬 부분을 『묵변』이라고 한 것은 바로 『묵경』의 내용을 변을 하기 위한 사전작업으로 보았기 때문일 것이다. 후기묵가 스스로는 『묵경』의 후반부인 「소취」편에서 자신들의 작업을 변(辯)이라 하고, 그것의 추상적 목적을 다음과 같이 말하고 있다:

> 논변의 목적은 (1) '이것'과 '이것-아님'의 몫을 분명히 함으로써, 다스려짐과 다스려지지 않음의 원리들을 탐구한다: (2) 같음과 다름의 장소를 분명히 함으로써, 명분과 실질의 패턴을 살핀다: (3) 이익과 손해를 규정함으로써, 혼동과 의심을 해결한다.[2]

위와 같은 변의 추상적 목적을 통해 우리는 변이 명과 실의 관계나 명과 실의 동이와 시비를 따지는 일종의 명학적 활동임을 잘 알 수 있다. 그 구체적 형태와 방법에 대해서는 다음 장에서 다루기로 하고, 여기서는 주로 변의 구체적 목적이나 의도를 밝히고자 한다. 내가 보기에, 구체적으로 후기묵가가 변을 통해 해결하려고 하였던 윤리적·정치적 문제들은 전기묵가의 무차별적 사랑과 실리주의의 주장들로부터 자연스럽게 도출된, 부분과 전체, 의도와 실리의 간극과 관련된 문제이다. 이것은 『묵경』 중에서도 초기에 쓰인 「대취」편[3]을 살펴보면 알 수 있다:

---

2 "夫辯者 將以明是非之分 審治亂之紀 明同異之處 察名實之理 處利害".

하늘이 사람을 사랑함은 성인이 사람을 사랑함보다 박하다. (그렇지만) 하늘이 사람을 이롭게 함은 성인이 사람을 이롭게 함보다 두텁다. 대인이 소인을 사랑함은 소인이 대인을 사랑함보다 박하다. (그렇지만) 대인이 소인을 이롭게 함은 소인이 대인을 이롭게 함보다 두텁다. (노예) 장이 우리 부모를 위하므로 그를 사랑하는 것은 부모를 사랑하는 것이다. 장이 우리 부모를 위하므로 그를 이롭게 하는 것은 부모를 이롭게 함이 아니다. 음악이 아들을 이롭게 하므로 아들을 위하여 그것을 좋아하는 것은 아들을 사랑하는 것이다. 음악이 아들을 이롭게 하므로 아들을 위하여 그것을 구하는 것은 아들을 이롭게 하는 것이 아니다.[4]

지금 세상에 도둑이 있음을 알고 있다고 해도, 지금 세상 사람을 다 사랑한다. 이 방에 도둑이 있음을 알아도 이 방을 다 (미워하지는) 않는다. 그 한 사람이 도둑임을 알아도 그 두 사람을 다 (미워하지는) 않는다. 비록 그가 한 사람의 도둑이라도 진실로 그가 어디 있는지를 알지 못하면 그 무리를 다 미워하는 것은 아니다.[5]

이러한 관심사항은 경과 경설에도 이어진다:

---

3 그레이엄은 현행본 『묵자』의 제44장인 「대취」편이 『묵경』 중에서 가장 최초의 것이라고 주장한다. 그 이유는 이 부분이 전기묵가의 관심사였던 윤리적 문제를 다루고 있고, 일관되고, 주의 깊은 문법적 제약들이 여기서는 보이지 않기 때문이다. (A. C. Graham, *Later Mohist Logic*, p. 243).

4 "天之愛人也 薄於聖人之愛人也 其利人也 厚於聖人之利人也 大人之愛小人也 薄於小人之愛大人也 其利小人也 厚於小人之利大人也 以臧為其親也 而愛之 非愛其親也 以臧為其親也 而利之 非利其親也 以樂為利其子 而為其子欲之 愛其子也 以樂為利其子 而為其子求之 非利其子也" 「大取」.

5 "智是之世之有盜也 盡愛是世 智是室之有盜也 不盡是室也 智其一人之盜也 不盡是二人 雖其一人之盜 苟不智其所在 盡惡其弱也" 「大取」.

(경하) 사람이 무한함이 겸애를 함에 해가 되지 않는다. 그 이유는 채우는지 채우지 못하는지의 앎에 있다.

(경설하) (반론) 남쪽이 유한하면 다할 수 있고, 무한하면 다할 수 없다. 유/무한도 선천적으로 알 수 없으면, 다할 수 있음과 다할 수 없음, 사람이 채우는지 채우지 못하는지, 반드시 사람이 다할 수 있는지 없는지도 또한 선천적으로 알 수 없다. 사람이 반드시 다 사랑받을 수 있다고 하는 것은 오류이다. (답변) 만약 사람이 무한함을 채우지 않는다면, 사람은 유한한 것이다. 유한한 것을 다하는 것은 어려움이 없다. 무한을 채운다면 무한이 다한다. 유한을 다하는 것은 어려움이 없다.[6]

(경하) 천하 사람의 수를 모르는 데도 사랑이 다할 수 있음을 안다. 그 이유는 질문에 있다.

(경설하) 일일이 그 수를 알지 못한다. 어찌 백성을 사랑함이 그것을 다하는 것이 됨을 알겠는가? 사람을 다 묻는다면 그 묻는 것을 다 사랑한다. 만약 그 수를 모르고도 사랑이 그것을 다하는 것을 아는 것은 어렵지 않다.[7]

(경하) 그들이 있는 곳을 모르지만 사랑하는 데 해가 되지 않는다. 그 이유는 자식을 잃은 사람에 있다.[8]

6 "無窮不害兼 說在盈否" 「경하」. "無 南者有窮則可盡 無窮則不可盡 有窮無窮未可智 則可盡不可盡不可盡未可智 人之盈之否未可智 而必人之可盡不可盡亦未可智 而必人之可盡愛也 誖 人若不盈先窮 則人有窮也 盡有窮無難 盈無窮 則無窮盡也 盡有窮無難" 「경설하」. cf. Graham, *Later Mohist Logic*, pp. 448～449.

7 "不知其數而知其盡也 說在明者" 「경하」 "不 二智其數 惡智愛民之盡文也 或者遺乎 其問也盡問人 則盡愛其所問 若不智其數而智愛之盡文也 無難" 「경설하」.

8 "不知其所處 不害愛之 說在喪子者" 「경하」.

앞서 말했듯이 전기묵가에 있어서 옳음의 근원은 천(天)이고, 그 구체적 내용은 바로 겸애와 절용이었다.[9] 그리고 겸애와 절용의 가능성은 천이나 국가에 대한 상동, 즉 천의 위협과 국가의 강제로 쉽게 해결될 수 있다고 믿었다. 그러나 천과 국가에 기대지 않고 합리적으로 묵가의 겸애 내지 절용의 사상을 옹호하려는 흐름이 출현한다.[10] 그레이엄은 후기묵가가 더 이상 천이 옳음의 원천임을 믿지 않게 된 이유가 기원전 4세기에 벌어진 형이상학적 위기 때문이라고 한다. 이에 따르면, 이 시기에 사욕을 따르는 것도 도덕을 따르는 것처럼, 그것이 하늘에 의해 주어진 이상, 천을 따르는 것이라는 생각이 들었다는 것이고, 이런 생각 때문에 후기묵가는 더 이상 천을 모든 도덕의 궁극적 원천으로 써먹을 수 없게 되었다는 것이다.[11] 한마디로 보다 객관적이고 합리적인 근거를 들어 겸애와 실리주의 윤리이론을 옹호할 필요성이 생겼다는 것이다. 겸애와 관련하여 문제는 대체로 그것이 실행 가능한 것일까, 가능하다면 이것이 어떻게 구체적

9 나는 이 글에서 절용은 겸애의 의미를 좀 더 구체화하는 것이라고 생각한다. 이에 따르면, 겸애는 절용, 즉 리인(利人) 혹은 리민(利民)을 갖추어야 한다. 이것이 묵가가 「경상」에서 '옳음'은 '이로움'이다(義 利也)라고 말한 의미이다. 묵가에서 옳음을 이로움이라고 규정하기 때문에, 많은 학자들은 묵가의 윤리설을 '공리주의'로 보아왔다. 반면 묵가에서 옳음의 원천을 또한 천(天)이라고 하므로 '신명론'(God Command Theory)으로 규정하기도 하면서 서로 논쟁해왔다. 나는 묵가 공리주의의 의미가 서구의 공리주의(utilitarianism)와 동일시될 수 없고, 대체로 '공동체 백성들의 기본적 복리를 증진시키는 정책에 대한 선호사상', 즉 리인(利人) 혹은 리민(利民)의 사상이라고 본다. 이런 의미의 공리주의와 신명론은 충돌되지 않는다. 묵가윤리학을 공리주의로 볼 수 없는 이유에 대해서는 김기현, 「묵가 윤리학에 대한 연구의 한계와 과제」, 『윤리교육연구』 12집, 2007 참조.

10 와타나베에 따르면, 『묵경』은 상동이나 천지라는 권위주의에 의존하는 말기(BCE 300~220)에 이루어진 작품이 아니라, 중기(BCE 380~300)에 이루어진 작품이다. 따라서 그에 의하면, 권위에의 호소보다 논리적 정당화가 먼저 이루어졌다. 渡邊卓, 『古代中國思想の硏究』, 東京: 創文社, 1977, 685~692쪽 참조.

11 A. C. Graham, *Later Mohist Logic*, p. 244.

으로 실현될 수 있는가였다. 실리주의는 주로 우리의 사랑하는 마음과 실제 이롭게 해주는 행위 사이의 간극을 인정하고, 후자를 추진해나가는 것인데, 그러자면 여러 선택적 행위들 중에서 무엇이 가장 이로운 것인지, 무엇이 가장 손해를 최소로 하는 것인지 따져보는 능력이 선행되어야 한다. 한마디로 부분과 전체, 의도와 이익 사이의 관계가 문제시되었던 것이다.

> 체(體, 몸) 가운데에서 가벼움과 무거움을 재는 것을 권(權)이라고 한다. 권(權)은 '시(是)가 되는 것'(~을 위하는 것)이 아니고, '비(非)가 되는 것'(~을 위하지도 않는 것)도 아니다. 권(權)은 중심을 바로잡는 것이다. 손가락을 잘라 팔을 보존할 수 있으면, 이익 중에서 큰 것을 취하고, 손해 중에서 작은 것을 취하는 것이다. 손해 중에서 작은 것을 취하는 것은 손해를 취하는 것이 아니라, 이익을 취하는 것이다. 그 취하는 바가 다른 사람에게 달려 있다. 도둑을 만나서 손가락을 잘라 몸을 무사히 하는 것은 이익이나, 그가 도둑을 만난 것은 손해이다. 손가락을 끊음과 팔을 끊음이 천하를 이롭게 하는 것에서 같다면, 선택함이 없을 수 없지만 생사가 이익과 같다면 선택함이 없을 수 없다. 한 사람을 죽여 천하를 보존함은 사람을 죽여 천하를 이롭게 함이 아니다. 자신을 죽여 천하를 보존함은 자신을 죽여 천하를 이롭게 함이다.[12]

부분과 전체가 『묵경』의 가장 기본적인 사유틀이라는 점은 경과 경설의 시작이 고(故)와 체(體)로 시작한다는 점에서 분명하다. 먼저 부분과 전체에 대한 『묵경』의 정의를 보자:

---

12 "於所體之中 而權輕重之謂權 權非爲是也 非非爲非也 權 正也 斷指以存掔 利之中取大 害之中取小也 害之中取小也 非取害也 取利也 其所取者 人之所執也 遇盜人 而斷指以免身 利也 其遇盜人 害也 斷指與斷腕 利於天下相若 無擇也 死生利若 一無擇也 殺一人以存天下 非殺一人以利天下也 殺己以存天下 是殺己以利天下" 「대취」.

(경상) 체(부분)는 겸(전체)에서 나뉜 것이다.

(경설상) 체는 이의 일, 자의 끝부분과 같다.[13]

(경상) 견(보는 방식)에는 '부분'(으로 보는 방식)과 '모두'(보는 방식)가 있다.

(경설상) 견: 특이한 것은 부분에서이고, 두 가지는 모두에서이다.[14]

부분과 전체의 관계는 상대적이어서 전체는 다시 더 커다란 전체의 부분이 된다. 마치 손이 손가락에 대해서는 전체이지만, 팔에 대해서는 부분이고, 팔이 손에 대해서는 전체일 수 있지만, 사지나 몸에 대해서는 부분인 것과 같다. 부분과 전체의 이익이 충돌할 때, 묵가는 물론 전체를 위해 부분을 희생해야 한다고 당위적으로 주장하지만, 문제는 그것이 말처럼 쉽지 않다는 것이다. 특히 부분과 부분이 충돌될 때, 어떤 부분이 전체를 위하는 것이냐는 어느 부분이 전체에 더 핵심적인 부분이냐를 따짐에 의해 결정된다. 여기서 고(故)의 개념이 묵가에 도입된다. 고(故) 개념의 중요성은 『묵경』이 바로 이 개념의 정의로부터 시작한다는 사실로부터 잘 알 수 있다.

(경상) 어떤 것의 고(故, 이유 · 원인)는 그것이 출현하기 위해서 있어야만 하는 것이다.

(경설상) 소고(小故)는 이것이 있으면 반드시 그렇게 되는 것은 아니지만, 없으면 반드시 그렇게 되지 않는 것이다. [……] 대고(大故)는 이것이 있으면 반드시 그렇게 되고, 없으면 반드시 그렇게 되지 않는 것이다.[15]

13 "體 分於兼也" 「경상」. "體 若二之一 尺之端也" 「경설상」.

14 "見 體 盡" 「경상」. "見 時者 體也 二者 盡也" 「경설상」.

위의 경에서 고(故)는 필요조건으로 정의되어 있다. 그러나 경설은 필요조건뿐만 아니라 필요충분조건까지를 말하고 있다. 경설 중의 소고(小故)는 필요조건을 의미하고, 대고(大故)는 필요충분조건을 가리킨다. 중국에서 소와 대를 병칭할 때 대체로 대가 더 선호된다는 관습에서 볼 때, 후기묵가는 소고보다는 대고에 더 관심이 있었다고 할 수 있다. 후기묵가는 어떤 주장이든지 그것의 소고보다는 대고, 즉 필요충분조건을 제시함으로써 완벽하게 정당화될 수 있을 것이라고 보았음에 틀림없다. 그러나 물론 묵가의 궁극적인 지향(志向)이 필요충분조건이었을지라도, 최소한 확보하려고 했던 것은 어떤 것의 본질적 부분, 즉 필요조건이었다.

> 이 말의 눈이 또렷하면 말이 또렷하다고 하지만, 이 말의 눈이 크다고 말이 크다고 하지는 않는다. 이 소의 털이 누렇다면 소가 누렇다라고 하지만 이 소의 털이 많다고 소가 많다고 하지는 않는다. 한 마리의 말도 말이고, 두 마리의 말도 말이다. 말의 발이 네 개라는 것은 한 마리가 네 발이라는 것이지, 두 마리 말이 네 발이라는 것은 아니다. 말이 혹 희다는 것은 두 마리 말 가운데 어떤 것이 희다는 것이며, 한 마리가 혹 희다는 것은 아니다. 이것이 하나는 이것이고, 하나는 이것이 아니라는 것이다.[16]

여기서 알 수 있는 묵자의 관심은 어떤 주장이나 사건에는 그것을

15 "故 所得而後成也" 「경상」. "故 小故有之不必然 無之必不然 [……] 大故 有之必然 無之必不然" 「경설상」. Graham, *Later Mohist Logic*, p. 263.

16 "之馬之目盼 則爲之馬盼 之馬之目大 而不謂之馬大 之牛之毛黃 則謂之牛黃 之牛之毛衆 而不謂之牛衆 一馬, 馬也 二馬 馬也 馬四足者 一馬而四足也 非兩馬而四足也 一馬馬也 二馬而或白也 非一馬而或白 此乃一是而一非者也" 「소취」.

그것이게끔 하는 어떤 내적인 이유나 근거가 있다는 것이다. 말이 또렷하다는 것은 말의 눈의 모습에 근거한 주장이고, 말이 크다는 것은 말의 눈이 크다는 것이 아니고, 말의 전체 크기에 근거해서 나온 주장이다. 따라서 우리는 어떤 주장이나 사건의 정당성을 확보하기 위해서는 그것의 본질적 근거를 살펴야 하는 것이다. 이러한 주장들은 아마도 개의 눈이 검다는 점에 근거해서 "흰 개는 검다"[17]라고 말하는 궤변가들에 대한 응답의 성격도 있을 것이다.

의도와 실제 성취 사이의 간극도 위의 본질적 근거와 연관이 있다. 앞서 말했듯이 후기묵가의 초기 저작이라고 할 수 있는 「대취」편에는 '명실이 서로 부합하지 않는다'와 함께 '의도와 실제 성취가 부합하지 않는다'는 주장이 제기되고 있다. 물론 그 내용이 무엇을 의미하는지는 원문의 불완전한 형태 때문에 다양한 해석이 있지만, 대체로 묵가가 생각하는 문제의식이 의도와 실제 성취 사이의 간극임은 미루어 짐작할 수 있다:

> 기둥을 생각함은 나무를 생각함이 아니라, 기둥(이 된) 나무를 생각한 것이다. 사람의 손가락을 생각함은 사람을 생각함이 아니다. 사냥해서 얻어지는 것을 생각함은 짐승을 생각하는 것이다. 의도와 실제 성취는 서로 좇을 수 없다.[18]

이러한 의도와 실제 성취의 간극은 경과 경설에서도 보인다.

---

17 사마표는 『장자』「천하」편에 나오는 "백구흑"이라는 궤변을 이렇게 풀이한다. "[……] 白狗黑目 亦可爲黑狗" 『경전석문』.

18 "意楹 非意木也 意是楹之木也 意指之人也 非意人也 意獲也 乃意禽也 志功 不可以相從也" 「대취」.

(경상) 의는 이로움이다.

(경설상) 의는 천하를 사랑하는 데 뜻을 두고, 천하를 잘 이롭게 할 수 있되 반드시 쓰이는 것은 아니다.[19]

(경상) 효는 어버이를 이롭게 하는 것이다.

(경설상) 효는 어버이를 사랑하는 데 뜻을 두고, 어버이에게 잘하고 이롭게 할 수 있지만 반드시 어버이의 뜻에 맞는 것은 아니다.[20]

이런 이유 때문에 의도는 행동의 성격을 규정하는 데 커다란 역할을 하는 것으로 여겨졌다.

(경하) 사물의 그렇게 되는 소이, 아는 소이와 사람으로 하여금 알게 하는 소이는 반드시 같지는 않으니 그 이유는 병(病)에 있다.

(경설하) 사물이 혹 상한 것이 그런 것이다. 보면 알게 된다. 일러주어 알게 한다.[21]

(경하) 상대의 뜻에 통한 후에 대답한다. 그 이유는 그가 무엇을 이르는지를 모르는 것에 있다.

(경설하) 상대의 뜻에 통한다. 묻는 자가 말하기를 당신은 마(䭆)[22]를 아는가? 대답하는 사람이 말하기를 마(䭆)가 무엇을 이르는가? 그 사람이 대답하기를

---

19 "義 利也" 「경상」. "義 志以天下爲芬 而能能利之 不必用" 「경설상」.

20 "孝 利親也" 「경상」. "孝 以親爲芬 而能能利親 不必得" 「경설상」.

21 "物之所以然 與所以知之 與所以使人知之 不必同 說在病" 「경하」. "物或傷之 然也 見之 智也 告之 使智也" 「경설하」.

22 '䭆'는 자전에서 확인이 안 되는 글자이기에 글자음도 무엇인지 알 수 없다.

마(馶)이다라고 하면 알게 된다. 만약 라(贏)가 무엇을 이르는지를 묻지 않고 급히 알지 못한다고 응답하면 잘못이다. 장차 질문하면 반드시 응하는데, 물을 때에 응대함에는 깊고 낮음이 있다.[23]

2. 변(辯)의 형식적 정의와 개념 장치들

후기묵가는 다양하게 충돌하는 대안 중에서 옳은 것을 고를 수 있는 지성의 적절한 절차를 고안해냈는데, 그것이 변(辯)이라고 할 수 있다. 변의 개념을 살펴보자. 먼저 변은 개념상 반드시 진리를 확보하는 것으로 서술됐다. 그들에게 참된 변이란 충돌하는 주장들 사이에서 어떤 주장이 참인지를 결정할 수 있는 것이고, 따라서 그것은 둘 다 참일 수 없는 충돌적 주장들 사이에서 성립하는 것이다. 예컨대 한 사람은 소라고 하고, 다른 사람은 소가 아니라고 하는 상황에서 결정하는 것이 변이고, (말에 대해) 한 사람은 개라고 하고, 다른 사람들은 소라고 부르는 상황이나 혹은 (강아지에 대해) 한 사람은 개라고 하고 다른 사람은 강아지라고 부르는 상황은 변이 아니라고 보았다. 왜냐하면 그런 상황들은 둘 다 거짓이거나 둘 다 참일 수 있기 때문이었다.

(경상) 변(辯, 분별)은 반(彼)을 다투는 것이다. 변(辯)에서 이기는 것이 마땅한 것이다(사실과 부합하는 것이다).

(경설상) 한 사람은 "소"라고 하고, 다른 사람은 "소가 아니다"라고 하는

---

23 "通意後對 說在不知其誰謂也" 「경하」. "通 問者曰 子知馶乎 應之曰 馶何謂也 彼曰 馶施則智之 若不問贏何謂 徑應以弗智 則過 且應必應問之時若應 長應有深淺" 「경설하」.

것이 반(仮)을 다투는 것이다. 둘 다 마땅할 수는 없다. 둘 다 마땅할 수 없으면 필연적으로 그 중 하나는 마땅하지 않다([강아지와] 개 사이의 경우와는 다르다).[24]

(경하) 변(辯)에 승리자가 없다는 것은 부당하다. 이유는 변(辯)에 있다.

(경설하) 말해지는 것은 같지 않으면 다르다. 말해지는 것이 같은 경우는 한 사람은 강아지라고 하고, 다른 사람은 개라고 한다. 말해지는 것이 다른 경우는 한 사람은 소라고 하고 다른 사람은 말이라고 한다. 둘 다 승리함이 없으니 이것은 변(辯)을 하는 것이 아니다. 변(辯)이라는 것은 한 사람은 이것(是)이라고 하고, 다른 사람은 이것이 아니(非)라고 하여, 마땅한 자가 승리하는 것이다.[25]

문제는 이렇게 '소이다'와 '소가 아니다'의 상황을 만들기 위한 변의 개념적 장치가 무엇인가 하는 것이다. 즉 특정 문제를 시(是)와 비(非)(또는 동[同]과 이[異]의 문제)의 구조로 만드는 장치는 무엇일까? 후기묵가는 전기묵가와 마찬가지로 고(故, 이유 · 원인), 유(類, 유사성), 법(法, 기준)을 말한다.

백마는 마가 아니다. 홀 망아지는 일찍이 부모가 없다. 설(說)이 있으면 맞고, 설(說)이 없으면 틀렸다. 강아지를 죽이는 것은 개를 죽이는 것이 아니다. 설이 없으면, 틀렸다. 무릇 사(辭)는 이유(故)로 생기고, 이치(理)에 따라 길러지고, 유사성(類)에 따라 진행된다. 세 가지가 갖추어진 후에 생길 수 있다.[26]

24 "辯 争彼也 辯勝 當也"「경상」. "辯 或謂之牛 或謂之非牛 是争彼也 是不俱當 不俱當 必或不當 不若當犬"「경설상」.

25 "謂辯無勝 必不當 說在辯"「경하」. "謂 所謂非同也 則異也 同則或謂之狗 其或謂之犬也 異則或謂之牛 牛或謂之馬也 俱無勝 是不辯也 辯也者 或謂之是 或謂之非 當者勝也"「경설하」.

26 "非白馬焉 執駒焉說求之 舞說非也 漁大之舞大 非也 三物必具, 然後足以生"「대취」.

먼저 법(法)과 유(類)는 어떤 대상에 대해 '~이다'(是) 혹은 '~이 아니다'(非)를 결정해주는 것이다. 법(法)은 후기묵가의 체계에서 기술의 정확성을 알려주는 기준을 의미하며, 유(類)는 유사성에 의한 같음이기 때문이다.

(경상) 법이란 그것과의 유사성 속에서 어떤 것이 그러하다고 말해지는 것이다.

(경설상) (가령 원의 법은) 원의 개념/인상(意), 컴퍼스(規), 원(員)이다. 이 세 가지가 기준(法)으로 사용될 수 있다.[27]

경(經)이 기준(法)의 일반적 정의에 대해 말한다면, 경설(經說)은 기준의 특수 경우, 여기서는 원의 기준에 대해 말하고 있다. 경(經)에서 드러난 기준의 의미는 어떤 것이 기준과 유사하다면 우리는 기준을 지칭하기 위해서 사용하는 명칭을 가지고 바로 그 어떤 것을 부를 수 있다는 것이다. 물론 그 어떤 것이 기준과 유사성이 없다면 우리는 기준을 지칭하기 위해서 사용하는 명칭을 그 어떤 것에 대해 사용할 수 없다. 예컨대 경설(經說)에 나오는 원의 경우, 우리가 어떤 것을 원이라고 말하고 싶으면 우리는 그것을 원의 기준들과 비교해서 유사성이 있는지를 따져보아야만 한다. 유사성이 있으면, 그것을 원이라고 부르는 것에 정당성이 주어진다. 기준과 그것 사이에 유사성이 없으면 물론 그것을 원이라고 부를 수 없게 된다. 위의 경설에서 후기묵가는 원의 세 가지 기준을 말한다:

27 "法 所若而然也" 「경상」. "法 意規員三也 俱可以爲法" 「경설상」. Graham, *Later Mohist Logic*, p. 316.

원에 대한 심적 인상/개념(意), 원을 만드는 기구인 컴퍼스(規), 그리고 실제의 구체적 원(員)이다. 모든 경우에 컴퍼스와 같은 '만드는 기구'(maker)가 있는 것은 아니므로 인상/개념과 실제 대상이 대체로 대표적인 기준의 형태들이다. 인상/개념은 또한 언어적 정의로 표현되므로, 경에서 보이는 용어의 정의들이 바로 객관적 기준들로 작동한다.

앞서 인용된 문장에서 지적한 바와 같이, 객관적 진술(辭)의 기준은 종종 고(故, 근거 · 이유)로 표현된다. 어떤 진술 · 주장에 대한 근거가 바로 기준이기 때문이다. 전기묵가에서 자주 사용되었던 고는 기본적으로 주장을 뒷받침하는 이유 · 원인이며, 설명(說)이 제시하고자 하는 것이다. 고(故) 개념의 중요성은 앞선 절에서 살펴본 것처럼 『묵경』이 바로 이 개념의 정의로부터 시작하고 있다는 사실로부터 잘 알 수 있다.

대고가 주장의 필요충분조건이기에 그것은 앞서 말한 기준(法)과 같아진다. 왜냐하면 기준의 하나로서 인상 · 개념 혹은 정의가 바로 필요충분조건이었기 때문이다. 『묵경』의 다음 구절이 이유(故)와 기준(法)이 다른 것이 아님을 보여준다.

> (경상) 어떤 하나의 기술에 있어서, 그 기술이 미묘한 전환을 보이면 그 기술의 고를 구하라.
>
> (경설상) 이미 성립된 말에 반대하여 (새롭게) 이 말을 성립시키려고 한다면 이 말을 쓰게 만든 기준을 구하라.28

28 "服執 說巧轉 則求其故" 「경상」. "服 難成言 務成之九 則求執之法" 「경설상」, Graham, *Later Mohist Logic*, pp. 343～344.

위의 구절에서처럼 고(故, 이유·원인)를 법(기준)과 같게 볼 수 있다면, 후기묵가의 작업 안에서 정확하게 기술하기 위해서 기준을 제시하는 행위와 한 주장을 옹호하기 위해서 이유를 제시하는 행위는 결국 같은 행위임을 알 수 있다. 이는 묵가의 기술이론과 추리이론이 서로 분리될 수 없음을 의미한다. 후기묵가의 추리개념은 이를 보여준다. 그 안에는 기본적으로 유사성(類)에 의해 행해지는 기술이 포함되어 있다. 후기묵가는 일관된 기술, 즉 '유사성을 정하기'(止類)에 대해 말하는데, 이는 그것이 타당한 추리를 위해 필요하다고 여기기 때문이다.

> (경하) 이제 큰 기둥을 작은 나무 묶음으로 여기는 것은 그 종류가 서로 해당되지 않으므로 '알지 못함'이라고 한다. 그 이유는 자의적 생각(意)에 있다.[29]

> (경하) 사람들을 나아가게 하기 위해서 유(類)를 정하라. 동일성(同)에 의해 설명된다.
>
> (경설하) 저 사람은 이것이 그러하다는 것으로써 그것이 그러하다는 것을 말하고 있고, 나는 이것이 그렇지 않다는 것으로써 그것이 그러하다는 것을 의심한다.[30]

여기서 추리는 기본적으로 유사성(類)에 기반한다. 후기묵가는 유사성을 정하는 것을 강조하는데 그것이 우리의 추리를 정당화하기 때문이다.

---

29 "以檻為摶 於以為 無知也 說在意" 「경하」.

30 "止 類以行之 說在同" 「경하」. "止 彼以此其然也 說是其然也 我以此其不然也 疑是其然也" 「경설하」. Graham, *Later Mohist Logic*, p. 348.

유사성이 잘 정해지면, 추리는 정당화된다. 추리 형식을 다룬다고 해석되는 「소취」편에서도 변의 방법들은 '유사성을 정하기'에 의해 진행되는 추리들이다.

> 종류에 따라 받아들이고, 종류에 따라 나아간다. 자신에게 있는 것은 다른 사람에게서도 거부되지 않고, 자신에게 없는 것을 다른 사람에게 구하지 않는다. 혹(或)은 다 적용되는 것은 아니다. 가(假)라는 것은 이제는 그렇지 않다는 것이다. 효(效)는 법으로 삼는 것이다. 효가 되는 것은 법으로 삼은 그것이다. 그러므로 효에 맞으면 이것이고, 효에 맞지 않으면 이것이 아니다. 이것이 효이다. 벽(辟)이라는 것은 다른 사물을 들어서 이것을 밝히는 것이다. 모(侔)는 문장들을 대비시켜 같이 진행시키는 것이다. 원(援)은 당신들이 그렇다고 여기는데, 내가 어찌 홀로 그렇지 않다고 하겠는가라고 말하는 것이다. 추(推)는 이미 받아들인 것을 발판으로 아직 받아들이지 않은 것에 동일성을 주는 것이다.[31]

추리가 곧 다름 아닌 '유사성을 정하기'라는 사실이 위의 추리 방법들에서 잘 드러난다. 효(效)는 기준으로서 우리가 그것에 의지해 규정하게 된다. 그래서 이것에 맞으면 이것이고, 이것에 맞지 않으면 이것이 아니라고 하는 것이다. 앞서 우리가 살펴본 기준(法)이나 이치(理)와 같은 개념이다. 벽(辟)은 기준의 한 종류로 정의된 실제 구체적 대상들이나 그것들을 사용하는 방식을 말한다. 경이나 경설에서 '약(若)―'의 형태로 이런 구체적 사례가 제시된다. 모(侔)는 문장 차원에서 유사성을 찾는 방식이다.

31 "以類取 以類予 有諸己不非諸人 無諸己不求諸人 或也者 不盡也 假者 今不然也 效者為之法也 所效者所以為之法也 故中效 則是也 不中效 則非也 此效也 辟也者 舉也物而以明之也 侔也者 比辭而俱行也 援也者 曰子然, 我奚獨不可以然也 推也者 以其所不取之同於其所取者 予之也" 「小取」.

원(援)은 우리로 하여금 비교 대상들 사이에서의 유사성에 주의를 기울이게 하는 방식이다. 추(推)는, 비교된 것들 사이에서 성립하는 유사성에 의해 하나의 주장이 정당화된다는 것을 지적하는 방식이다. 이런 점에서 후기묵가의 변의 방법들은 주장의 기준을 찾고, 그 기준과 유사한 것들을 사용하여 원래의 주장을 정당화하는 방식들을 가리킨다.

3. 변(辯)의 기초: 실(實)의 인식론

앞서 겸과 체, 지와 공의 간극에서 벌어진 개념적 혼란은 후기묵가로 하여금 그것을 극복할 방법론으로 변의 활동, 즉 명과 실의 분별 활동으로 나아가게 했다. 후기묵가의 광범위한 학적 탐구와 체계적인 지식론은 바로 이런 변의 활동을 위한 정지작업이다. 그들은 먼저 지식을 구하기 전의 의심스러운 상황을 이렇게 분류했다:

> (경하) 의심하니 그 이유는 봉(逢), 순(循), 우(遇), 과(過)에 있다.
>
> (경설하) 솥을 만들자면 흙을 쓰고 소의 오두막을 짓는 자는 여름철의 시원함 때문이니 봉(逢)의 의미이다. 그것을 들면 가볍다고 하고, 그렇지 않으면 무겁다고 하는 것은 힘이 있는 것이 아니다. 대팻밥은 깎인 것을 따르니 공교로움이 아니다. 맷돌과 깃털이 도는 것과 같은 것이 순(循)의 의미이다. 싸우는 사람이 지친 것은 술 때문인지 저자 때문인지 이것은 알 수 없으니 우(遇)의 의미이다. 아는가? 그렇다고 여기는 것인가? 과(過)의 의미이다.[32]

32 "疑 說在逢 循 遇 過" 「경하」. "疑逢 爲務則士 爲牛廬者夏寒 逢也 擧之則輕 廢之則重

후기묵가는 우리의 의심을 해결하기 위해서, 우리의 지식을 그 근원에 있어서 다음 세 가지 종류로 나누어볼 수 있다고 하였다.

(경상) 앎에는 들어서 아는 것(聞), 설명해서 아는 것(說), 직접 체험함으로써 아는 것(親)이 있다.

(경설상) 전하여 받은 것이 문(聞)이고, 위치에 장애를 받지 않고 아는 것이 설(說)이고, 몸소 보는 것이 친(親)이다.[33]

들어서 아는 것은 일종의 간접지식이므로, 이해하기에 커다란 어려움이 없다. 문제는 설지(說知, 설명해서 아는 것)이다. 설지는 바로 고(故, 원인 · 이유)를 제공하는 지식인데, 그레이엄 같은 이는 이것을 일종의 비경험적 지식 혹은 개념적 지식으로 해석한다. 이러한 해석이 얼마나 타당한 것인지는 좀 더 논의를 해보아야 한다. 여하간 이 설지(說知)를 자세히 알기 위해서는 지식의 다른 종류들, 특히 '직접 체험해서 아는 지식(親知)'과 설지의 관계를 살펴보아야 한다. 지식의 세 가지 종류 중에서 후기묵가에게 가장 기본적이고, 확실한 지식은 직접 체험해서 아는 친지(親知)이기 때문이다. 좀 더 구체적으로 그것은 사물을 반영하는 우리의 감각적 경험지식이다.

(경상) 앎은 접하는 것이다.

非有力也 沛從削 非巧也 若石羽 循也 鬬者之敝也以飲酒 若以日中 是不可智也 愚也 智與 以已爲然也與 愚也" 「경설하」.

33 "知 聞 說 親 名 實 合 為" 「경상」. "知 傳受之 聞也 方不障 說也 身觀焉 親也 所以謂 名也 所謂 實也 名實耦 合也 志行 為也" 「경설상」.

(경설상) 앎은 그것으로 사물을 만나서 그 모양을 그릴 수 있는 것이니 보는 것과 같은 것이다.[34]

위에서는 직접적 체험 지식을 시각의 예를 들어서 설명하고 있지만, 이는 시각이 갖는 상징성과 중요성 때문일 뿐, 직접적 지식이 단지 시각에만 국한되는 것은 아니다. 오관이라는 감각기관 전체와 연결된다고 보는 것이 더 타당할 것이다. 물론 묵가는 감각적 경험지식이 단순히 오관에 의한 것만이 아니라고 본다. 지식은 지속해야 하는데, 오관의 경험만으로는 이러한 앎의 지속성을 설명할 수 없기 때문이다.

(경하) 앎은 오관에 의해서 이루어지지 않는다. 그 이유는 지속함에 있다.

(경설하) 인식자는 눈으로 보고 눈은 불에 의거해 보는데 불은 보지 못한다. 오직 오관을 가지고서 한다면 지속되는 것을 아는 것은 마땅하지 않게 된다. 눈으로 보는 것은 불을 이용해 보는 것과 같다.[35]

후기묵가에 따르면 오관은 앎을 가능케 하는 환경 중의 하나인 불과 마찬가지로 우리가 감각적 경험지식을 갖는 데 필요한 요소일 뿐이다. 우리의 지식은 이것만으로는 불충분하다. 우리의 감각적 경험지식은 오관의 자극 이외에 과거에 일어났던 사건의 기억을 필요로 한다. 이런 기억이 없으면 지금의 감각 경험이 '하나의 지속하는 것'에 속한다는 것을 알 수 없기 때문이다. 이런 의미에서 오관 이외에 지(知, 지성)라는 것이 우리의 인식 과정에 필요하게 된다. 특기할 점은 후기묵가가 지성을

---

34 "知 接也" 「경상」. "知 知也者 以其知過物而能貌之 若見" 「경설상」.

35 "知而不以五路 說在久" 「경하」. "智 以目見 而目以火見 而火不見 惟以五路智 久不當以目見若以火見" 「경설하」.

지식을 구성하는 기초 재료로서, 이것의 기능이 제대로 수행된다면 오류의 가능성이 없는 필연적인 지식을 제공할 것으로 본다는 사실이다.

(경상) 지성은 재료이다.

(경설상) 지성은 재료다. 그것으로써 우리는 알게 된다. 필연적으로 알게 되는데 시각의 밝음과 같다.[36]

감각적 경험지식은 결코 오류를 범할 수 없다. 개념상 오류가 불가능한 것이라고 본다. 그렇다면 우리가 범하는 경험지식의 오류는 어떻게 설명할 수 있나? 인식론적 반성작업이 없는 후기묵가는 그러한 경험지식은 지식이 아니고 단지 그렇게 생각했을 뿐이라고 말함으로써 규범적으로 이 문제에 접근할 뿐이다. 「경설하」에서 지식과, 단지 그렇게 생각했을 뿐인 것의 대비가 제시된다.[37]

경험지식과 관련하여 또 특기할 점은 이 지식이 언어와 무관하게 파악되는 지식이라는 점이다. 언어를 사용해서 가리키기 이전에 우리에게는 공통의 분류 · 구별 능력이 있다는 것이 이들의 생각이다.[38] 경험적 지식이 인간에게 동일하게 나타난다는 것과 경험적 지식이 오관(五官)뿐만 아니라 지성의 작용을 거친 것이라는 점은 뒤의 사상가 순자에 의해서도 긍정된다. 물론 순자는 지(知) 대신에 심(心)을 사용하지만, 사실 묵가의 지(知)와 순자의 심(心)은 같은 기능을 하는 기관이다. 이러한 두 가지

36 "知 材也" 「경상」. "知 材 知也者 所以知也而必知 若明" 「경설상」.

37 Graham, *Later Mohist Logic*, pp. 360~361 참조.

38 사실 이런 생각은 혜시 · 도가 그리고 순자와 같은 유가 사람들에게서도 발견된다. 순자가 혜시의 오류를 이런 선언어적 사실 파악의 미비로 보는 것이 대표적이다.

특성 때문에 묵가는 경험지식을 항상 우선순위의 지식으로 말하였다.

전기묵가를 살펴보아도 경험적 지식은 언어적 · 개념적 지식보다 선호되었다.

> 지금 장님이 말하기를 백색은 희고, 흑색은 검다고 한다면 비록 눈이 밝은 사람이라도 그것을 바꿀 수 없다. 흰 것과 검은 것을 섞어놓고 장님으로 하여금 어떤 것을 가지게 한다면 할 수가 없다. 그러므로 내가 장님은 흰 것과 검은 것을 모른다고 하는 것은 그 이름을 두고 한 것이 아니라 실제로 취하는 능력을 두고 하는 것이다.[39]

얼핏 보면 여기서 언어적 지식(名知)은 개념 사이의 동일성에 관한 지식, 즉 개념 간의 관계에 관한 지식을 가리키는 것 같다. 그레이엄이 명지를 선험적 지식으로 생각해서, 지식을 그 원천에 따라서는 친지 · 문지 · 설지로 나누지만, 그 대상에 따라, 이름에 관한 지식인 명지, 이름과 대상의 연결에 대한 지식인 합지, 대상에 대한 지식인 실지, 행위에 대한 지식인 위지로 구분한 것도 이러한 이유이다.[40]

> (경상) 지(知)에는 명(名), 실(實), 합(合), 위(爲)가 있다.
>
> (경설상) 지(知), 그로써 일컫는 것은 명(名)이고, 일컬어지는 것은 실(實)이고, 명과 실이 짝이 되는 것은 합(合)이고, 의지를 가지고 행하는 것이 위(爲)이다.[41]

---

39 "今瞽曰 鉅者白也 黔者黑也 雖明目者無以易之 兼白黑 使瞽取焉 不能知也 故我曰瞽不知白黑者 非以其名也 以其取也" 『墨子』「貴義」.

40 Graham, *Later Mohist Logic*, pp. 229~236.

41 "知 聞 說 親 名 實 合 為" 「경상」. "知 傳受之 聞也 方不庫 說也 身觀焉 親也 所以謂名也 所謂 實也 名實耦 合也 志行 為也" 「경설상」. Graham, *Later Mohist Logic*, pp. 327~328.

하지만 묵자는 이보다 앞선 인용구절에서 보았듯이 명지를 실지보다 결함이 많은 지식으로 보았다. 묵자가 실지를 명지보다 더 선호한 한 가지 이유는 명지가 실지로부터 온다고 생각했기 때문이다. 명지는 그레이엄이 생각하듯이 경험과 독립적인 선험적이고, 필연적인 지식이 아니었다.[42] 그것은 실지의 확장에 불과했다. 실지로부터 명지로의 확장 방식은 흥미롭게도 다음과 같은 설명적 지식(설지)을 논의하는 데서 잘 나타난다.

> 알지 못하는 것이 이미 아는 것과 같다고 들으면 그 두 가지를 다 아는 것이다. 그 이유는 말해주는 데 있다.
>
> 바깥에 있는 것은 아는 것이고, 방 안에 있는 것은 알지 못한다. 어떤 사람이 말하기를 방 안에 있는 것의 색은 이것의 색과 같다고 한다. 그러면 네가 알지 못하는 것은 네가 이미 알고 있는 것과 같게 된다. 이것은 마치 흰 것인가 검은 것인가 중에서 누가 이기는가의 상황과 같다. 이것이 그것의 색과 같고, 흰 것과 같으면 (이것은) 반드시 희다. 이제 그것의 색이 흰 것과 같다는 것을 알게 됐으므로 그것이 희다는 것을 안다. 이름은 알지 못하는 것을 밝게 정하는 것이지 알지 못하는 것으로 밝게 아는 것을 의심스럽게 하는 것이 아니다. 마치 자로 알지 못하는 길이를 재는 것과 같다. 밖에 있는

---

42 사실 많은 주석가들은 『묵경』 안에서 기하학과 같은 추상적 학문의 존재를 말한다. 물론 『묵경』 안에는 원이나 사면체 등에 대한 언급이 있지만, 그것이 선 · 면 · 입체 등등에 대한 기하학적 개념들이 『묵경』 안에 있다는 주장을 뒷받침하는 것은 아니다. 예컨대 『묵경』에서 척(尺)과 단(端)은 결코 선과 점으로 볼 수 없다고 생각된다. 척은 일종의 '자' 혹은 '(자로 잰) 거리'이고, 단은 그 자나 거리의 끝부분(시작점이나 끝점)을 가리킨다고 본다. 척과 단은 묵가가 관심이 있는 부분과 전체의 관계를 드러낼 수 있지만 선과 점은 그렇지 않다고 생각한다. 예컨대, 선은 물론 점의 집합이지만, 다시 말해 점을 가정하지만, 점은 선이 없어도 얼마든지 생각할 수 있는 것이다.

것은 직접 아는 것이고, 방 안에 있는 것은 설명으로 아는 것이다.[43]

후기묵가에 따르면 설명적 지식이란 우리가 직접 알지 못하는 것을 다른 사람이 언어를 통해 그것은 우리가 알고 있는 어떤 것과 같다고 지적했을 때 우리가 그에 대해 갖게 되는 지식이라고 보았다. 감각적 경험지식이 기초적이고 오류 불가능한 직접적 지식이라면, 설명적 지식은 이미 알고 있는 이러한 필연적 경험지식을 바탕으로 새롭게 알게 되는 추론적 지식이다. 주목할 점은 설명적 지식의 오류를 추론의 오류가 아니라 언어 기술의 오류로 봄으로써 설명적 지식을 언어적 지식과 동일시하고 있다는 것이다. 위 인용문에서 설명적 지식을 설명하는 가운데 갑자기 언어의 기능에 대해서 설명하는 것을 주목해야 한다. 후기묵가에 의하면, 언어의 기능은 아는 것으로 알지 못하는 것을 해명하는 것인데, 이 점에서 언어의 기능은 바로 설명적 지식의 기능과 일치한다. 이렇게 보면 후기묵가에 있어서, 설명적 지식은 바로 '언어를 통한 지식'(名知)이라고 할 수 있다. 후기묵가의 설명적 지식(說知)이 전기묵가의 언어를 통한 지식(名知)이라면, 후기묵가의 경험적 지식(親知)은 전기묵가의 실제적 지식(實知)이라고 할 수 있다. 따라서 후기묵가의 설명적 지식과 경험적 지식의 구분은 전기묵가에서 보이는 명지와 실지를 구분하는 전통을 이었다고 할 수 있다. 따라서 그레이엄처럼 지식을 그 원천에 따라 친지·문지·설지로, 그 대상에 따라 명지·실지·합지·위지로 나눌 필요가 없다.

43 "聞所不知若所知 則兩知之 說在告"「경하」. "聞 在外者所不知也 或曰 在室者之色若是其色 是所不智若所智也 猶白若黑也 誰勝 是若其色也 若白者必白 今也智其色之若白也 故智其白也 夫名以所明正所不智 不以所不智疑所明 若以尺度所不智長 外 親智也 室中 說智也"「경설하」. cf. Graham, *Later Mohist Logic*, p. 443.

살펴본 것처럼 묵가에게는 경험적 지식이 언어를 통한 지식, 설명적 지식에 비해 더 근본적이고, 더 우선적이지만, 우리의 경험은 한계가 있으므로 보다 확장된 지식은 언어를 통하여, 혹은 설명을 통하여 이루어진다. 언어를 통한 지식 혹은 설명적 지식은 본질적으로 이미 알고 있는 경험적 지식을 바탕으로 알지 못하는 것에 대해 가지는 지식이므로 부차적인 것이다. 후기묵가는 사람들 사이의 의견 차이가 바로 이 부차적인 지식에서 생기므로, 올바른 설명적 지식을 확보한다면 의견 차이는 극복된다고 생각하였다. 『묵경』이 사람들의 논쟁을 해소하기 위해 올바른 설명적 지식의 확립에 관심을 기울인 이유는 바로 여기에 있다.

들어서 아는 지식(聞知)은 경험적 지식이나 설명적 지식과는 다른 것이면서도 그것들과 밀접한 관련을 갖는다. 들어서 아는 지식은 직접 경험한 지식이 아니다. 물론 「경상 · 경설상」의 한곳에서 문지(聞知)의 한 종류로 친지(親知)가 언급되고 있기도 하다. 그러나 이러한 용례는 본질적인 것이라기보다는 일상의 모호한 언어 사용 가운데서 생겨나는 부차적인 것이다. 다른 사람의 말을 통해서 얻은 지식이기 때문이다. 하지만 들어서 아는 지식은 전하는 사람의 입장에서는 친지(親知)였을 것이다. 즉 어떤 사람이 어느 지점에서 호랑이를 보고 그것을 다른 사람에게 전달했을 때, 듣는 사람에게는 그것이 친지일 수 없지만, 전하는 사람은 직접 경험한 친지를 말한 것이다. 들어서 아는 지식은 듣는 사람의 입장이 강조되므로 친지와는 다른 것이 된다. 들어서 아는 지식은 언어를 통해서 전달받은 것이므로 언어를 통한 지식 혹은 설명적 지식으로 볼 수 있다. 하지만 들어서 아는 지식은 '무엇은 무엇과 같다'는 구조를 갖는 설명적 지식과 다르다. 언어를 통해 전달되는 지식, 즉 들어서 아는 지식 중에 어떤 것은 때때로 설명을 요구한다. 전달하는 사람과 전달받는 사람 사이에 원활한 의사소통에 문제가 있을 수 있기 때문이다. 이렇게 전달에 설명이 덧붙여지면 들어서 아는 지식은 설명적 지식이 된다. 물론 처음부터 '무엇은 무엇과 같다'는 분명한 설명 없이 들어서 아는 지식도 기본적으로 자신이 알고 있는 지식을 토대로 한다는 점에서 설명적 지식과 동일시될 여지가 있다고 할 수 있다. 결론적으로, 들어서 아는 지식(聞知)은 설명적 지식(說知)이나 직접적 경험지식(親知)과 동일시 할 수는 없지만, 결국 둘 중 하나로 포섭될 수 있는 지식이므로, 『묵경』 내에서 새로운 지식의 유형으로 제시된 것은 아니라고 할 수 있다.

비록 우리의 경험적 분별지식이 오류 불가능하고, 이것이 모든 지식의 기준이라고 해도, 후기묵가에서 중요한 지식은 이를 정확히 언어로 전달하는 지식, 즉 설명적 분별지식이다. 바로 이 설명적 분별지식을 적절히 획득할 수 있느냐 없느냐에 따라, 우리가 하나의 진리에 도달할 수 있느냐, 혹은 합의에 도달할 수 있느냐가 판가름 나기 때문이다. 후기묵가의 변이 주로 이 설명적 분별지식을 의미하는 것은 이 때문이다.

4. 변(辯)의 방법: 명(名)의 사용론

후기묵가의 변에서 문제가 되는 것은 바로 명과 실의 관계, 더 정확히 말하면 명이 실을 얼마나 잘 드러내고 있느냐이다. '말해지는 것'(所謂)이란 바로 실을 의미하므로, 변은 실의 인식에 기반해서 언어적 표현의 타당성을 정하는 작업이다. 실에 대한 경험적 인식이 오류 불가능하다[44]

고 믿은 후기묵가는 명이 얼마나 실의 인식을 잘 드러내느냐가 언제나 논의의 관건이었던 것이다. 경험적 인식의 오류는 그것이 결국 참된 인식이 아니라는 점에서 거부된다. 그런데 『묵경』에서 실에 관한 지식은 단순한 경험적 지식만이 아니고, 기구를 사용해서 알게 되는 실재에 대한 지식도 포함하는 것 같다. 이처럼 핵심적 역할을 하는 실에 대해, 『묵경』에서는 직접적으로 실이 무엇인지를 말해주지 않지만, 우리는 명의 종류를 설명하는 구절에서 실이 구체적 대상을 가리키고 있음을 알 수 있다. 적어도 후기묵가에서 실이 추상적 대상을 가리키는 경우는 없다.

(경상) 이름에는 '두루 통하는 이름'(達名), '유사성의 이름'(類名), '개별적 이름'(私名)이 있다.

(경설상) "물"(物)은 달명(達名)이다. 어떤 실(實)이든지 반드시 이 이름이 적용된다. "마"(馬)는 유명(類名)이다. '이 실(實)과 유사한 것'은 반드시 이 이름으로써 명명(命名)한다. "장"(藏)은 사명(私名)이다. 이 이름은 이 실(實)에만 해당된다.[45]

그레이엄이 보기에 실(實)은 구체적 개별자, 즉 개체이다. 그러므로 명과 실의 기본적 관계는 '고유명사-개체'이고, 이것의 확장이 바로 '일반 명사-특정 개체와 동류의 것들'의 관계를 형성한다. 이것은 개체만을 인정하고, 개체와 개체 사이의 유사성에 근거하여 보편자의 의미를

44 실(實)에 대한 직접적 경험지식의 오류 불가능성에 대해서는 정재현, 「『묵경』의 논리학: '설'(설명) 개념을 중심으로」, 『철학연구』 제45집, 1999 참조.

45 "名 達 類 私" 「경상」. "名 物 達也 有實必待文多也 命之馬 類也 若實也者 必以是名也 命之臧 私也 是名也止於是實也" 「경설상」.

해명하는 입장으로 유명론적 세계관에 기반한 것이라고 할 수 있다. 그러나 실(實)이 과연 그레이엄의 생각대로 불가분적인 개체의 개념인지는 의문이다. 『묵경』에는 개체－속성의 틀보다는 '전체－부분'의 틀로 볼 수 있는 '겸(兼)－체(體)'의 상관주의적 개념들이 있고, 이 틀에 따르면, 『묵경』은 어떤 불가분의 개체를 상정하고 있다기보다는 하나의 실(實)이 상대적인 방식으로 정해진다는 점을 풍부하게 보여주고 있기 때문이다. 묵가의 존재론이 겸과 체의 문제라고 할 때, 우리는 이것을 다분히 상대적인 개념이라고 생각할 수 있다. 왜냐하면 아래의 예에서 보듯, 후기묵가의 체와 겸에 대한 정의는 일종의 부분과 전체의 개념처럼 보이기 때문이다.

(경상) 체(부분)는 겸(전체)에서 나뉜 것이다.
(경설상) 체는 이(二)의 일(一), 자(尺)의 끝(端)과 같다.[46]

(경상) 보는 것(見)에는 '부분'(으로 보는 것)과 '모두'(보는 것)가 있다.
(경설상) 특이한 것은 부분이고, 두 가지는 모두이다.[47]

부분과 전체의 관계는 상대적이어서 전체는 다시 더 커다란 부분의 부분이 된다. 마치 손이 손가락에 대해서는 전체이지만, 팔에 대해서는 부분이고, 팔이 손에 대해서는 전체일 수 있지만, 사지나 몸에 대해서는 부분인 것이다. 이처럼 정확한 명실의 일치는 그렇게 쉬운 것이 아니다. 또한 실(實)은 상황에 따라 정해지는 것으로, 고정된 것이 아니다. 실(實)은 단순히 명과 실의 일대일 대응 관계에 의해서 뿐만 아니라, 명과 명의

46 "體 分於兼也" 「경상」. "體 若二之一 尺之端也" 「경설상」.
47 "見 體 盡" 「경상」. "見 時者 體也 二者 盡也" 「경설상」.

관계, 나아가 발화자의 의도에 의해 결정된다. 그 명과 실의 관계를 나타내주는 것이 '지칭'(謂)이다.

(경상) 지칭(謂)는 '옮기다'와 '들다'와 '더하다'가 있다.

(경설상) 사슴을 가리켜 개라고 일컫는 것은 옮기는 것이고, (어떤 강아지에 대해) 구(狗)와 견(犬)으로 일컫는 것은 든 것이고, (어떤 사람에 대해) 개라고 꾸짖는 것은 더하는 것이다.[48]

위에서 말한 것처럼 후기묵가는 지칭작용을 세 가지로 보았다. 가장 간단한 것은 단명으로 사물을 열거하는 것이고(擧), 조금 복잡한 것은 이름과 이름 간의 전환관계(移), 그리고 마지막으로 발화자와 이름 사이에 의향이 개재된 더하기(加)의 관계도 있다.

명의 기본적 기능이 실을 지칭한다고 할 때, 문제는 단명보다는 겸명의 경우에 생긴다. 겸명이란, 『순자』「정명」편에서 "하나만으로 알 수 있으면 하나로 하고, 하나로 알 수 없으면 둘로 한다"[49]에서의 둘(두 글자)로 이루어진 이름을 말한다. 예컨대, "백마"(白馬)나 "우마"(牛馬)와 같은 것들이다. 단명이 지칭하는 실이 그레이엄의 말처럼 구체적이고, 개별적인 것이라고 해도, 겸명이 가리키는 것은 그렇지 않다.[50]

사(辭)는 고(故)에 따라 생겨나고, 이(理)에 따라 자라고, 유(類)에 따라 '나아가

48 "謂 移 擧 加"「경상」. "謂 狗 犬 命也 狗犬 擧也 叱狗 加也"「경설상」.

49 "單足以喩則單 單不足以喩則兼."

50 A. C. Graham, *Disputers of the TAO: Philosophical Argument in Ancient China*, La Salle: Open Court, 1989, p. 140.

> 는' 것이다. 생겨나고, <자라는> 곳을 분명하게 하지 않고 문장을 세우는 것은 무책임하다. 지금 사람은 길이 없으면 나아갈 수 없다; 그가 비록 튼튼한 허벅지와 팔을 가졌다고 하더라도 그가 길에 밝지 않다면 그는 얼마 못 가 곤란에 빠질 것이다. 사는 종류에 따라 '나아가는' 것이다; 사(辭)를 세움에 있어서 종류에 밝지 못하다면, 반드시 곤란에 빠질 것이다.[51]

여기서 사(辭)는 일종의 겸명과 같은 것인데, 단명으로부터 겸명으로의 진행은 고(故), 이(理), 유(類)에 따라 진행됨을 보여주고 있다. 겸명이 가리키는 것은 일종의 지향적이고 내포적인 것이다. 후기묵가의 대표적 주장 "(도둑은 사람이지만) 도둑을 죽이는 것은 사람을 죽이는 것이 아니다"에서 도둑과 사람은 동일한 외연적 대상을 가리킬 수 있지만, "살도"나 "살인"이 가리키는 것은 결코 외연적 대상이 아니다. "살도"는 죄를 지은 사람에 대한 처형의 형벌을 가리키지만, "살인"은 (무고한) 사람을 죽이는 비도덕적 행위를 가리킨다. 「소취」편에는 이와 같이 의미의 변화에 입각한 추론 형태가 많이 제시되어 있다.

명과 실의 화용론적 대응 관계는 '이명거실(以名擧實, 名으로 실을 가리키고), 이사서의(以辭抒意, 辭로 뜻을 나타내고), 이설출고(以說出故, 說로 이유를 드러낸다)'라는 말로 표현된다. 이것들은 종래에 서구 논리학의 범주인 개념론 · 판단론 · 추리론의 구분을 각각 함축하는 것으로 해석되어왔다(이 해석은 양계초를 시작으로 거의 모든 학자가 따르고 있다).[52] 그러나 '명사들을 단순 연결시킨 것'과 '문장' 사이의 구분도 뚜렷했다고 볼 수 없는 고대

51 "夫辭以故生 以理長 以類行也者 立辭而不明於其所生 妄也 今人非道無所行 唯有強股肱 而不明於道 其困也 可立而待也 夫辭以類行者也 立辭而不明於其類 則必困矣" 「대취」.

52 梁啓超, 『墨子學案』, 無求備齋墨子集成 18, 엄영봉 편집(대북: 성문출판사, 1975) 참조.

언어이론에서 명사(term), 문장(sentence), 논변(argument) 사이의 구분을 선제(presuppose)하는 개념론 · 판단론 · 추리론의 구분이 이루어졌다고 보기는 힘들 것이다. 예컨대 사(辭)를 '명을 단순히 연결시킨 것'(複名)과 구별하여 문장이라고 해석하는 그레이엄과 달리, 한센에 따르면 고대 중국에서는 문장과 문장이 아닌 단어들의 묶음 사이의 구별이 분명하지 않았다고 한다. 그는 이러한 생각을 고대 중국에는 문장이나 진리라는 개념이 없었다고 표현하는데, 이는 문장의 구성요소에 대한 이론이나 진리에 대한 이론이 고대 중국에는 없었다는 것을 의미한다.**53** 위의 표현들은 어디까지나 명을 사용해서 실을 드러내는 과정에서 발생하는 명명(命名)의 문제(以名擧實), 발화자의 의도 전달 문제(以辭抒意), 일차적 의도 전달이 실패했을 때 부연해서 표현하는 방법(以說出故)을 말한 것으로 보는 것이 타당하다. 이러한 해석이 필요한 이유는 『묵경』의 영향을 강하게 받은 『순자』의 「정명」에 '명명하는 것'(命), '명을 덧붙이는 것'(期), '설명을 제시하는 것'(說), '분별을 하는 것'(辯)이 발화자의 이해를 돕기 위해 연차적으로 취할 수 있는 방법임이 지적되고 있을 뿐만 아니라, 보다 직접적으로는 『묵경』과 똑같이 명(名), 사(辭), 변설(辯說)이 이런 맥락에서 언급되기 때문이다.

> 대상(實)이 이해되지 않으면 명명(命)한다. 명명한 것이 이해되지 않으면 명을 덧붙인다(期). 명을 덧붙인 것이 이해되지 않으면 설명(說)을 제시한다. 설명을 제시한 것이 이해되지 않으면 분별을 한다(辨). [……] 명(名)이란 실(實)을 알기 위한 것이다. 사(辭)란 다른 실의 이름을 겸하여 하나의 뜻을 논하는 것이다. 변설(辨說)은 다르지 않은 실제의 이름으로 변화(動靜)의 길을 이해시키

53 Chad Hansen의 앞의 책들과, Graham, *Later Mohist Logic*, pp. 25~44 참조.

는 것이다.[54]

이른바 『묵자』「소취」에 나오는 변(辯)의 일곱 가지 방법도 이러한 의미 전달의 맥락에서 해석해야 한다.[55] 오하마(大濱皓)가 명과 실의 관계는 형식논리의 법칙에 의해서가 아니라 인식론적으로 접근한 것이라고 말한 것도 이러한 맥락에서 이해 가능하다.[56]

이렇게 우리가 화용론을 후기묵가에 적용시키면, 이명거실(以名擧實)에서의 실(實)도 단순히 구체적인 물질적 대상을 가리키는 것이 아니라, 지향적 대상을 의미하는 것이라고 보아야 한다. 즉 실은 명사나 문장이 직접 지시하는 대상이 아니라, 명사나 문장을 가지고 우리가 말하려는 의도를 의미하는 것으로 볼 수 있다. 따라서 실은 고정되어 있는 것이 아니라, 상황에 따라 끊임없이 달라지는 것이다. 이렇게 보아야 이명거실, 이사서의, 이설출고의 구절들이 연이어서 제시되는 까닭을 알 수 있고, 후기묵가가 왜 누누이 말의 겉 표현형식이 중요한 것이 아니라, 그 말이 어디에 속해 있는지, 그것이 어떤 의도를 가지고 나왔는지를 맥락적으로 따져보는 것이 중요하다고 말했는지 이해할 수 있다.

(사물이) 그러한 데에는 그러한 까닭이 있다. 그러하다는 것은 같지만, 그 소이연이 반드시 같은 것은 아니다. 어떤 것을 취할 때는 취하는 바의 까닭이

54 "實不喻 然後命 命不喻 然後期 期不喻 然後說 說不喻 然後辨 [……] 名也者 所以期累實也 辭也者 兼異實之名以論一意也 辨說也者 不異實名以喻動靜之道也" 『순자』「정명」.

55 이에 대해서는 拙稿, 「『묵경』의 논리학」, 139~140쪽 참조.

56 大濱皓, 『중국고대의 논리』, 김교빈 · 윤무학 · 안은수 옮김, 서울: 동녘출판사, 1993, 214~215쪽 참조.

있다. 취하는 것은 같지만, 그 취하는 까닭은 반드시 같은 것이 아니다. [……] 따라서 말은 여러 가지 방식(方), 다양한 종류(類), 상이한 이유(故)를 가지므로 한쪽만을 보아서는 안 된다.[57]

『묵경』이 시도한 말의 의미에 대한 분석에 따르면, 말의 의미는 그 말을 하게 된 이유(故), 그 말이 성립할 수 있는 객관적 기준(法), 또 그 기준과의 유사성(類)을 따져보아야 알 수 있다. 이런 것들이 종합적으로 파악되어야, 그 말의 진정한 의미를 알 수가 있고, 결국 그 말에 잘 대응할 수 있다. 언어란 이처럼 여러 상황에 따라 다양한 의미를 띠고 나타난다. 말의 의미는 이처럼 상황 맥락적이기에, 후기묵가는 문장의 형식만을 보고, 그 의미를 파악할 수는 없다고 보았던 것이다. 이른바 추론에 대한 이론으로 해석되어온 「소취」의 "夫物或乃是而然 或是而不然 或一周而一不周 或一是而一不是也"(무릇 物이란 이것이어서 그러하고, 혹 이것이지만 그러하지 않고, 혹 한 번은 두루하지만 한 번은 두루하지 않고, 혹 한 번은 이것이지만 한 번은 이것이 아니다)라는 구절은, 말이란 맥락적으로 의미가 정해지는 것임을 나타내는 도식으로 보아야지 추론의 법칙을 확립하기 위한 도식으로 보아서는 안 된다. 여기서 우리는 묵가와 도가의 유사성을 확인할 수 있다. 도가사상에는, 지식은 실에 대한 지식이어야 한다는 것, 명은 사물을 고정시키는 데 반해 실은 항상 유동적이라는 것 등의 언어와 사물에 대한 믿음들이 있는데, 이것들은 위에서 말한 묵가의 견해와 상당히 유사하다. 그런데 바로 이 지점에서 도가는 언어 회의주의의 길로 들어선다. 한마디로 언어를 통해서는 도저히 실의 이해

57 "其然也 有所以然也 (其然也)同 其所以然不必同 其取之也 有(所)以取之 其取之也同 其所以取之不必同 [……] 故言多方 殊類 異故 則不可偏觀也" 「소취」.

에 도달할 수 없다는 길로 나아가는 것이다. 하지만 묵가는 우리가 실의 진상에 쉽게 도달할 수 있다고 보고, 언어란 바로 이런 실(實)에 대한 지식을 바탕으로 삼아야 하며, 우리가 언어에 대해 주의를 기울이기만 한다면 얼마든지 합의를 이룰 수 있다고 믿었다. 바로 이런 합리적 믿음을 바탕으로 명에 대한 적극적 탐색의 길로 나아가게 되었던 것이다. 그러나 한센은 이와 달리 후기묵가도 도가를 따라 언어 회의주의의 길로 들어선다고 해석한다.[58]

후기묵가는 지칭이 잘 이루어지지 않은 것을 광거(狂擧, 미친 지칭)라고 일컬었다. 사실 서구 철학자 아리스토텔레스의 경우에도 그의 철학 방식은 언어의 지칭 문제, 즉 언어 의미의 다의성을 해명하는 것이었다. 그는 『형이상학』에서 "존재는 여러 가지 방식으로 말해진다"라고 하고, 이것은 단순한 동음이의어의 문제가 아니라, 단일한 본성과 관련되는 것이라고 하였다. 유 안토니(Anthony Yu)는 중국의 정명은 동음이의어에 기반해 있고, 서구의 정명은 단일한 본성에 기반해 있다고 보았다.[59] 이런 광거를 가지고는 세계의 본성에 대한 지식까지는 언급할 것도 없이, 세계에 대해 제대로 된 지식도 가질 수 없다.

> (경하) 미친 지칭(狂擧)은 차이를 알 수 없다. 그 이유는 가지고 있음에 있다.
>
> (경설하) 비록 소가 말과 다르지만 소가 앞니를 가지고 있고, 말이 꼬리를

58 Chad Hansen, *Language and Logic*, p. 139.

59 Cf. Anthony C. Yu, "Cratylus and Xunzi on Names", in *Early China/Ancient Greece*, ed. by Steven Shankman and Stephen W. Durrant, Albany: State University of New York Press, 2002, pp. 235~250.

가지고 있는 것으로 소와 말이 다르다는 증거로 삼으면 안 된다. 이것들은 모두 가지고 있는 것들이어서, 하나는 가지고 다른 것은 가지지 않는 것이 아니다. '소와 말이 동류가 아니다'라고 말하고, 소가 뿔을 가지고 있고, 말은 갖지 못한 것에 근거를 대면, 여기서 두 종류의 것은 유사하지 않다. 그러나 소가 뿔을 가지고 있고, 말은 갖지 않은 것을 거론할 때, 이것을 종류가 다른 것으로 여기는 것은 소가 앞니를 가지고 있고 말이 꼬리를 가지고 있는 경우와 같이 광거(狂擧)이다.[60]

(경하) 인의가 내(內)와 외(外)라는 것은 잘못이다. 그 이유는 잘 들어맞지 않음에 있다.

(경설하) 인(仁)은 사람을 사랑하는 것이다. 의(義)는 이익을 주는 것이다. 사랑하는 마음과 이익을 주는 마음은 자기에게 있다. 사랑을 받고 이익을 받는 것은 밖에 있다. 사랑하고 이익을 주는 것은 안과 밖이 되지 않는다. 사랑을 받고 이익을 받는 대상은 또한 안과 밖이 되지 않는다. 그는 인은 안이라 하고, 의는 밖이라고 일컫는다. 사랑하는 것과 이익을 받는 대상을 거론한 것이다. 이것은 광거이다. 마치 왼쪽 눈이 나가고, 오른쪽 눈이 들어오는 것과 같다.[61]

이런 광거를 해결하는 방법은 결국 집중하는 수밖에 없다. 이것에는 어떤 규칙도 있을 수 없다. 유일하게 이런 애매모호성을 해결할 수 있는 방식은 구체적 지칭 과정에서 한눈팔지 않고, 집중하는 것이다. 그리고

60 "狂擧不可以知異, 說在有"「경하」. "牛狂與馬惟異 以牛有齒 馬有尾 說牛之非馬也 不可是俱有 不偏有偏無有 曰之與馬不類 用牛角 馬無角 是類不同也 若擧牛有角 馬無角 以是為類之不同也 是狂擧也 猶牛有齒 馬有尾"「경설하」.

61 "仁義之為內外也 內 說在仵顏"「경하」. "仁 仁 愛也 義 利也 愛利 此也 所愛所利 彼也 愛利不相為內外 所愛利亦不相為內外 其為仁 內也 義 外也 擧愛與所利也 是狂擧也 若左目出 右目入"「경설하」.

사실 이것은 중동(重同)의 상황을 잘 파악하는 것이다. 예컨대, 공손룡의 역설은 비록 궤변처럼 비쳐지지만, 정명론의 이런 일명일실주의를 지지한 것으로 해석될 수 있다. 즉, 공손룡의 백마론은 "백마"와 "마"가 표현이 다른 이름인 만큼 그것들이 가리키는 대상을 다른 것으로 보아야 하고, 견백론 역시 "견"과 "백"이 표현이 다른 만큼, 그것들이 가리키는 대상 또한 다른 것으로 보아야 한다는 것이다. 반면, 공손룡의 대화편에 나오는 대화자나 후기묵가는, "강아지"와 "개"가 같은 대상을 지칭할 수 있는 것처럼, 즉 중동의 경우처럼, "백마"와 "마", "견"과 "백"도 다른 명칭이지만 얼마든지 같은 것을 지칭할 수 있음을 보여주려고 한다. 특별히 흥미로운 것은 공손룡의 대화자처럼 단지 '백마가 있을 때', '마가 있다'고 할 수 있다거나, '견으로 파악되지만' '백이 없다고 할 수 없다'는 반응을 넘어, 후기묵가는 실재에 대한 구체적 지칭작용을 통해 이런 중동의 상황을 해결하려고 한다는 것이다:

> (경설하) 지칭하는 것이 있되 그대는 이것을 알고 또 내가 제시하지 않은 것을 알면 이것이 중(重)의 상황이다. 그대가 이것은 알지만 내가 거론하지 않은 것을 모를 것 같으면, 이것이 一인데, 여기에 대해 아는 것이 있고, 모르는 것이 있다고 말하는 것이 가능하다. 만약 안다면 지칭해서 그대가 아는 것을 나에게 알려주면 나도 알 것이다. [……] 반드시 내가 거론한 것만을 지칭하고, 내가 거론하지 않은 것을 지칭하지 말라고 말하면, 지칭하는 사람은 진실로 하나만을 지칭할 수 없을 것이다. 그러면 바라는 것을 지칭함이 전할 수 없으니 의미가 미흡하다. 또한 아는 것도 이것이고 모르는 것도 이것이니 아는 것이 모르는 것이다. 어찌 하나인데, 아는 것이 있고, 또 모르는 것이 있겠는가?[62]

---

62 "有指 子智是 有智是吾所先擧 重 則子智是 而不智吾所先擧也 是一 謂有智焉 有不智焉也

위에서 말한 것과 같이, 우리의 감각에만 의존해서는 하나의 석(石)에 대해 단지 그것이 백(白)하다는 것만 알고, 그것이 견(堅)하다는 것을 모르는 상황이 가능할 수 있지만, 구체적 지칭작용을 통해서는 이것이 불가능하다는 것이다. 다시 말해, 하나의 견백석에 대해, '견'을 가리키면서, 동시에 '백'을 가리키지 않을 수는 없다는 것이다. 한마디로, 견과 백이 분리될 수 없음은 구체적 지칭 과정 속에서 확인된다는 것이다. 이러하다면, 이미 언급했던 것처럼 정명론을 명과 실 사이의 일대일(一對一) 대응, 정확히 말하자면 명과 실 사이의 다대일(多對一) 관계도 포함하는 일종의 함수관계(어떤 명 x에 대해, 단 하나의 실 y가 대응하는 관계)로 볼 때, 공손룡과 후기묵가 사이에는 존재론 상에 있어서, 어떤 실제적 충돌도 일어나지 않을 수 있다. 공손룡도 구체적 지칭 과정 중에서 발생하는 명과 실 사이의 다대일(多對一) 대응을 거부하지는 않을 것이기 때문이다.

그러나 후기묵가의 작업이 명(名)의 명확한 사용을 목표로 한 것이었다면 그들이 정의 작업 이외에 염두에 둔 문제 상황은 무엇일까? 내가 보기에 이것은 중동(重同)의 문제, 즉 '이명일실(二名一實)의 동일성'의 상황과 연관이 있다. 이명일실은 두 이름이 한 대상에 적용될 수 있는 상황에서 출현한다. 『묵경』에는 이에 대한 풍부한 논의가 출현한다. 이러한 중동의 풍부한 논의는 중동이 정명론의 '일명일실주의'(一名一實主義, one-name-one-thingism)에 대한 일종의 도전 상황이기 때문이다.

若智之 則當指之智告我 則我智之 [……] 若曰 必獨指吾所舉 毋舉吾所不舉 則者固不能獨指 所欲相不傳 意若未校 且其所智是也 所不智是也 則是智是之不智也 惡得為一 謂而有智焉 有不智焉" 「경설하」.

나는 정명론을 두 경향으로 나눌 수 있다고 생각한다. 정명론은 명실학파와 지물학파 혹은 명실상합파와 명실불필상합파의 둘로 나뉜다. 명실학파는 모든 명에 그것이 단명이건 복명이건 그에 대응되는 실이 문맥에 관계없이 일정해야 한다고 주장하는 데 반하여, 지물학파는 명에 대응하는 실은 문맥에 따라 달라진다고 보는 것이다. 전자는 명실의 의미론적 관계를 강조하고, 후자는 명실의 화용론적 관계를 강조한다. 공자 · 공손룡 · 맹자 · 순자 등이 명실학파에 속하고, 묵가 · 혜시 · 장자 등이 지물학파에 속한다고 할 수 있다.

(경하) 강아지를 알지만 개는 모른다고 스스로 이른다. 잘못이다. 그 이유는 重에 있다.
(경설하) 아는 것은 강아지를 아는 것이고, 중은 개를 아는 것이다. (강아지가 개가 되는 것을) 알지 못하면 잘못이다. 중이 아니면 잘못되지 않는다.63

(경하) 강아지는 개지만 강아지를 죽이는 것은 개를 죽이는 것이 아니라고 하는 것이 가능하다. 그 이유는 重同에 있다.
(경설하) 강아지는 개이지만 강아지를 죽이는 것은 개를 죽이는 것이라고 일컫는 것은 불가하다. 마치 (좌우의) 두 허벅지와 같다.64

약간의 논란이 있지만, 중요한 것은 묵가가 관심을 갖는 것은 구(狗)와 견(犬)과 같은 두 개의 단명(單名)이 하나의 실(實)을 갖는다는 것에 있는 것이 아니라, 지구(知狗)와 지견(知犬), 살구(殺狗)와 살견(殺犬)과 같은 각 쌍의 겸명(兼名)이 하나의 실(實)을 갖는가, 두 개의 실(實)을 갖는가에

63 "知狗而自謂不知犬 過也 說在重" 「경하」. "智 智狗 重智犬 則過 不重 則不過" 「경설하」.
64 "狗 犬也 而殺狗非殺犬也 可 說在重" 「경하」. "狗 狗 犬也 謂之殺犬 可 若兩脾" 「경설하」.

있다. 다시 말해 구(狗)와 견(犬) 사이에 중(重)의 관계가 성립하는가 하지 않는가가 중요한 것이 아니라, 지구(知狗)와 지견(知犬), 살구(殺狗)와 살견(殺犬) 사이에 중(重)의 관계가 성립하는가 하지 않는가가 중요하다. 위의 두 예에서 우리는 경과 경설 사이의 충돌을 목격할 수 있다. 이러한 난점을 해결하기 위해서 많은 학자들은 구(狗)와 견(犬)의 중동 관계에만 주목하거나, 종덕생(宗德生, Zong Desheng)처럼 지구(知狗)와 지견(知犬)은 내포적 대상, 살구(殺狗)와 살견(殺犬)은 외연적 대상을 가리킨다는 식으로 해석을 했다.[65] 그러나 내포적 대상과 외연적 대상의 구분은 지(知)나 살(殺)과 같은 동사에 의해 결정되는 것이 아니라, 어디까지나 문맥에 의해 결정된다. 그렇지 않다면, '살도비살인'(殺盜非殺人)은 후기묵가의 맥락에서 어떻게 정당화되겠는가?

후기묵가가 실제로 변의 기술을 어떻게 사용했는지 살펴보자. 그 당시 후기묵가 내부에서는 도둑을 죽여야만 하는지에 대한 논란이 있었던 것 같다. 도둑을 처형하는 것은 묵가의 겸애의 원리와 충돌될 수 있었기 때문이다. 묵가는 이 역설을 풀기 위해서 다음처럼 변의 기술을 이용했다:

> 도둑은 사람이지만, 도둑이 많은 것은 사람이 많은 것이 아니다. 도둑이 많지 않은 것이 사람이 많지 않음이 아니다. 어떻게 이것을 분명히 할 수 있을까? 도둑이 많은 것을 싫어하는 것은 사람이 많은 것을 싫어하는 것이 아니다. 도둑이 없기를 바라는 것은 사람이 많기를 바라는 것이 아니다. 세상이 이것이 옳다고 여기면 저것, 즉 도둑은 사람이지만 도둑을 사랑하는 것은 사람을

65 Desheng Zong, "Studies of Intensional Contexts in Mohist Writings", *Philosophy East & West*, 50/2, 2000, pp. 208~228.

사랑하는 것이 아니고, 도둑을 사랑하지 않는 것은 사람을 사랑하지 않는 것이 아니고, 도둑을 죽이는 것은 사람을 죽이는 것이 아님을 받아들이는데, 어려움이 없다.66

후기묵가는 겸애 원리를 포기하지 않으면서, 도둑을 죽이는 것이 사람을 죽이는 것이 아니라는 주장을 정당화하고 싶어 했다. 그런 목적을 위해 후기묵가는 도둑을 죽이는 것이 사람을 죽이는 것이라고 믿는 사람들도 받아들이는 (원래의 주장과) 유사한 다른 주장을 찾았다. 그것이 바로 묵가가 찾았던 기준이었다. 위의 구절에서 그 기준은 '세상이 이것을 옳다고 여긴다'라는 문장 앞에 있는 두 문장들이다. 그것은 "도둑이 많은 것을 싫어하는 것은 사람이 많은 것을 싫어하는 것이 아니다"와 "도둑이 없기를 바라는 것은 사람이 없기를 바라는 것이 아니다"이다. 그러나 이 문장들은 묵가가 기대한 기준의 역할을 할 수 없었는데, 왜냐하면 이것들은 원래의 주장인 "도둑을 죽이는 것은 사람을 죽이는 것이 아니다"의 약화된, 혹은 유사한 표현이었기 때문이다. 묵가의 주장에 반대했던 사람들은 묵가의 원래 주장을 물리쳤던 바로 그 이유로 이것들을 거부할 수 있을 것이다. 혹은 그들은 이 문장들이 설사 참이라고 하더라도 이것들이 묵가의 원래 문장과 같은 것은 아니라고 말할 수도 있을 것이다. 다시 말하면 그들은 도둑이 없기를 바라지만 도둑을 죽이기는 원하지 않을 수 있다. 만약 사정이 이렇다면 후기묵가의 변의 기술은 실패로 끝날 가능성이 있다. 말하자면 그들은 변으로 그들의 주장을 확립시킬 수 없을 수도 있다는 것이다. 왜냐하면 묵가의 기준은 대안이 되는 주장들

---

66 "盜人 人也 多盜 非多人也 無盜非無人也 奚以明之 惡多盜 非惡多人也 欲無盜 非欲無人也 世相與共是之 若若是 則雖盜人人也 愛盜非愛人也 不愛盜非不愛人也 殺盜人非殺人也 無難矣" 『묵자』「소취」.

중의 하나처럼 구체적인 것이기 때문에 실제 상황에서는 효과적인 기준의 역할을 하기 어렵기 때문이다. 이 점에서 묵가의 변은 객관적 지식을 획득하기에 치명적 난점을 갖는다고 할 수 있다. 그럼에도 후기묵가의 변의 기술은 그 합리적 구조로 인해, 누구에게도 받아들여질 수 있는 탐구 방법이다. 이것이 과학적 지식 추구의 방법으로는 적합하지 않지만, 정치적 합의의 기술로는 매우 유효하다고 할 수 있다.

결국 후기묵가의 결론은 무엇이었을까? 그들은 '어떻게 시공간의 제약을 받는 유한한 개인이 무한한 사람을 다 사랑할 수 있을까'라는 문제가 쉽지 않은 문제라고 생각하였다. '무한한 사람을 다 사랑하지 못함'은 그저 '사람을 사랑하지 않는다'와는 전혀 차원이 다른 문제이다. 왜냐하면 한 사람이라도 사랑하지 않으면 다 사랑하는 것이 되지 않기 때문이다.

> 사람을 사랑함은 두루 사람을 사랑한 것을 기다린 후에 사람을 사랑하는 것이 된다. 사람을 사랑하지 않는 것은 두루 사람을 사랑하지 않음을 기다리지 않는다. 두루 사랑하지 않음은 사람을 사랑하지 않기 때문이다.[67]

이것은 단순히 사람을 사랑하는 것이 긍정적 문장이기 때문만은 아니다. 부정적 문장이 보편적 주장일 때도 있다:

> 말을 타는 것은 두루 말을 탐을 기다리지 않은 후에 말을 탐이 된다. 어떤 말을 타는 것이 말을 타는 이유가 되기 때문이다. 말을 타지 않음에 미쳐,

---

67 "愛人 待周愛人 而後爲愛人 不愛人 不待周不愛人 不周愛 因爲不愛人矣" 「소취」.

두루 말을 타지 않음을 기다린 후에 말을 타지 않음이 된다.[68]

후기묵가는 보편적 주장은 실질적으로 가능한 것이 아니고, 논리적으로 가능하다고 대답한다. 다시 말해 어떤 사람이 모든 사람을 빠짐없이 실제로 사랑하였기에 그 사람이 사람을 사랑한다고 주장하는 것이 아니라, 한 사람을 사랑하는 것에서도 그 사람이 모든 사람을 사랑할 수 있다는 점을 알 수 있다고 주장하는 것이다. 예컨대, 우리가 천한 노예를 사랑하는 것은 그가 사람들을 위해 도움이 되기 때문이다. 획을 사랑함이 사람을 사랑함이 되는 것은 획이 사람에게 도움이 되는 데에 착안해서 그를 사랑하기에 그를 사랑함은 사람을 사랑하는 것이다. 우리가 가진 의도를 통해 우리의 사랑은 얼마든지 보편적일 수 있다. 마찬가지로 도둑을 죽이는 것은 겸애와 충돌되는 것이 아니냐는 추궁에도 후기묵가는 의도 여부를 통해 답변한다. 부득이한 죽임은 의도적인 죽임과는 다르다고 주장하는 것이다.[69] 이에 근거하여 결국 도둑에 대한 사형제도를 옹호한다. 후기묵가의 표현을 빌리면, "그 사랑을 없애서 천하가 이롭게 된다면 없애지 않을 수 없다."[70]

우리는 이제까지의 논의를 통해, 체와 겸, 지와 공사이의 간극에 대한 후기묵가의 생각을 다음과 같이 정리할 수 있을 것이다:

---

68 "乘馬 不待周乘馬 然後爲乘馬也 有乘於馬 因爲乘馬矣 逮至不乘馬 待周不乘馬 而後爲不乘馬 此一周而一不周者也" 「소취」.

69 "부득이해서 원한 것이니, (의도적으로) 원한 것은 아니다. 어쩔 수 없이 도둑을 죽인 것은 (의도적으로) 도둑을 죽인 것은 아니다"(不得已而欲之 非欲之也 專殺盜 非殺盜也) 「대취」.

70 "去其愛而天下利 弗能去也" 「대취」.

1) 겸애는 우리가 사랑하는 사람들의 수, 위치, 현재 상황에 관계없이 가능하다.
2) 의도는 사람을 사랑하는 데 있어서 가장 중요한 요소이다.
3) 이익을 주는 것은 직접적인 반면 사랑은 그렇지는 않다.

후기묵가의 명학이 다루고 있는 명실의 시비(是非), 동이(同異)의 문제는 바로 명을 통해 실을 전달하는 인식론과 언어의미론의 문제였다. 그러나 이러한 이름학으로서의 명학 전통은 아쉽게도 진(秦)의 통일과 더불어 중국에서 그 맥이 끊어지고 말았다.[71] 하지만 우리가 좀 더 넓게 명학을 정의한다면, 명학 전통은 도덕적 이상과 현실의 이해관계를 따지는 명분학으로 그 후에도 줄곧 명맥을 유지해왔다. 그 명분학의 핵심에 바로 중국을 비롯한 동아시아의 이상적인 도덕적 명분체계인 예(禮)가 있음은 주지의 사실이다. 상하 질서체계를 세워주는 예(禮)의 중요성은 언제나 공자의 정명(正名) 주장을 동반하면서 강조되어왔다. 이렇게 동아시아 전통문화를 이야기하기 위해서는 예(禮)의 이해가 필수적이고, 이 예(禮)를 이해하기 위해서는 바로 그 논리적 뿌리라고 할 수 있는 시비(是非)와 동이(同異)의 분류(類) 이론을 탐구해야 한다면, 우리는 명학의 이론적 틀을 완성시킨 후기묵가의 명학을 연구해야 할 분명한 이유를 갖게 된다.[72]

71 한대 동중서의 『춘추번로』 「심찰명호」에 보이는 이름학과 진대 노승의 「묵변주」에 보이는 이름학의 예외는 있다.

72 동이, 구별, 질서, 윤리 정치, 예(禮) 등의 상호 연결성에 대해서는 大濱皓, 『중국고대의 논리』, p. 254와 拙稿, 「'중국적 세계'(天下) 질서의 性格」, 『철학』 제57집, 1998 겨울, 18~22쪽 참조.

중국 고대의 제자백가 중에서 묵가는 도가와 함께 유가의 명실일치라는 이념적 주장이 가진 명실불일치의 현실적 토대를 누구보다도 잘 알아차린 사상가였다. 한마디로 명분에 치우친 입장이 현실을 왜곡하는 폐해를 간파한 것이다. 그럼에도 묵가는 도가처럼 명(名)에 대한 부정의 길로 나아가지 않고, 명(名)에 대한 체계적 연구를 수행한 학파였다. 후기묵가의 『묵경』이 바로 실을 중시하면서도, 명에 대한 긍정적 역할을 잊지 않은 합리적 명학의 결과이다. 후기묵가의 명학, 즉 변학은 비록 그것이 그 형태 그대로, 즉 이름학의 형태로 후세에 전달되지는 않았지만, 적어도 이들이 추구한 변의 정신과 방법은 다른 학파에 커다란 영향을 주었다. 『진서』(晋書)에 남아 있는 노승(魯勝)의 「묵변주」 서문(墨辯注序)에는 『묵경』의 객관적 변(辯)의 방법이 묵가와 적대적이었던 타 학파들에게도 수용되었다고 적혀 있다.

후기묵가 변학의 첫 번째 의의는 동아시아에서 언어를 통한 합리적 탐구의 개념을 확립한 것에 있다. 그것은 바로 기준을 세우고, 그것과의 유사성에 입각해서 문제를 해결하는 추류(推類)의 방법론이다. 추류의 방법론은 『회남자』, 『여씨 춘추』 등에서 보이는 것처럼 자연주의자들의 인식방법론에도 큰 영향을 끼쳤지만,[73] 사실 유가의 도덕적 탐구 방법에도 적지 않은 영향을 주었다. 추류의 방법론은 앞서 지적했듯이 문제의 해결을 위해 항상 그 말의 의도를 묻고, 그것의 기준을 구하고, 그 기준과의 유사성을 구해야 한다. 맹자의 경우, 성인과 인간의 유사성에 입각한 성선설의 옹호에서, 또한 동물에게 느끼는 측은지심을 백성에게 적용하

73 『淮南子』에 나타난 추류(推類)의 방법론에 대해서는 김동천, 「『淮南子』 '推論'에 관한 논변 연구」, 『철학논집』 제8집, 1997 참조.

라고 권고하는 데에서 우리는 이런 합리성의 흔적을 찾아볼 수 있다. 특히 순자의 경우는 후기묵가의 합리적 탐구 방법을 강하게 느낄 수 있는데, 순자는 「정명」편을 따로 두고, 명학을 본격적으로 논하고 있다. 순자는 언어의 역할, 언어의 목적, 언어 제정의 원칙 등 언어에 대한 기본적 시각을 후기묵가로부터 고스란히 물려받았다. 그의 예학(禮學)의 기본이 바로 분류의 이론 혹은 추류의 이론에 기반한 것임은 분명하다. 추류의 방법론은 이와 같이 어떤 의미에서 유학의 양 갈래, 즉 이상을 지나치게 강조하는 맹자나 현실의 토대 위에서 사고를 전개하는 순자에 골고루 영향을 미쳤는데, 이는 바로 후기묵가의 합리성이 유학의 합리성의 터전을 세우는 데 일조하였음을 보여준다. 훨씬 뒤에 이루어진 이른바 동아시아학의 완성이라고 볼 수 있는 신유학에 있어서도 추류는 중요한 탐구 방법이었다. 그들의 사물 탐구의 기본 원칙인 격물치지의 방식은 어디까지나 가까운 곳에서부터 먼 곳으로 나아가는 근사(近思)의 원리에 기반한 것이었는데, 바로 이 근사(近思)가 유(類)로써 추리해나가는 것, 즉 추류(推類)라고 주자는 정의하였던 것이다.[74]

후기묵가의 명학이 갖는 또 다른 의의는 후기묵가가 하나의 메타적 분별 활동을 강조했다는 것이다. 순자는 '법이 중요한 것이 아니라 그 법을 운용하는 사람이 중요하다'[75]고 주장했는데 이것은 어디까지나 텍스트보다는 인간의 독자적 해석 능력이 중요함을 말한 것이다. 이론 체계보다 활동을 중시하는 것이 후기묵가의 명학에서 줄곧 강조되었음을 기억해야 한다. 변은 앞서 말한 대로, 보편적 추론 법칙과 어떤 닫힌

74 朱熹, 『논어집주』 「자장」.

75 "有治人 無治法" 『순자』 「군도」.

형식 체계를 지향하지 않고, 그보다는 독자적 해석 능력, 분별 능력을 합리성의 활동으로 생각하고 있다. 그레이엄은 이러한 후기묵가의 분별·변증의 방식은 삼단논법 체계를 지향하는 아리스토텔레스의 형식 논리학적 관심에서 비롯되었기보다는, 비트겐슈타인(Ludwig Wittgenstein)이나 라일(Gilbert Ryle)이 그들의 책 『철학적 탐구』(*Philosophical Investigations*)나 『마음의 개념』(*The Concept of Mind*)에서 행한 비형식적 변증 활동과 유사한 것이라고 말했다.[76] 한센과 쿠아도 변(辯)의 방법을 평하여, 변이란 사실법의 제정보다는 법의 해석(legal interpretation)과 유사한 변증 과정이라고 말했다.[77] 이것은 텍스트보다는 그 텍스트를 해석하는 개인의 역할에 초점을 두는 것이다. 후에 동아시아 전통의 주류를 형성한 선불교나 신유가에서 강조하는 이런 주체적 경향들이 후기묵가의 합리적 탐구 방법에서 이미 그 흔적이 나타나고 있다는 점은 주목할 필요가 있다.[78]

---

76 Graham, *Later Mohist Logic*, p. 44.

77 Cf. A. S. Cua, *Ethical Argumentation: A Study in Hsun Tzu's Moral Epistemology*, Honolulu: University of Hawaii Press, 1985, pp. 95~101. Chad Hansen, *A Daoist Theory of Chinese Thought*, New York: Oxford University Press, 1992. pp. 69~70.

78 2장 후기묵가의 명학 부분은 기존의 나의 논문 「묵가 윤리학과 『묵경』」, 「『묵경』의 논리학: '설'(설명) 개념을 중심으로」, 「후기묵가의 명학 연구」에 기초해서 씌어졌다.

제3장

공손룡의 명학:
일명일실주의(一名一實主義)

공손룡의 사상을 알려주는 『공손룡자』(公孫龍子)라는 책은 전국시기 공손룡(BCE 325~250)이라는 명가의 철학자에 의해 씌어졌다고 한다. 그는 조(趙)나라 출신이고, 평원군의 식객이었다. 공찬(孔穿)이나 추연(鄒衍)과의 논변으로 유명하였다. 앞서 말한 대로, 풍우란은 명가 전통을 둘로 나누었는데, 공손룡은 그 한 줄기인 리견백파(離堅白派)의 대표적 인물이다. 그는 개념과 구체적 사물을 따로 세기도 하고, 같이 세기도 하는 사람이다. "이무일"(二無一, 이에는 일이 없다), "계족삼"(雞三足, 닭은 다리가 셋이다), "우양오족"(牛羊五足, 소와 양은 다리가 다섯이다)과 같은 궤변들이 그의 사상과 관계있는 것으로 말해진다.

서두에 언급했듯이, 『공손룡자』 14장 중에서 오직 6장이 현존한다. 남아 있는 6편 중에서, 「적부」(跡府)편은 공손룡의 제자에 의해 편찬되었을 것 같은데, 그것은 공손룡의 가장 중요한 이론들에 대한 개관이고, 공찬과의 대화가 포함되어 있다. 다른 편들 중에서 가장 유명한 것은 「백마론」(白馬論)과 「견백론」(堅白論)이다. 그런데, 일반적으로 알려진 공손룡의 주요 사상은 「지물론」(指物論)에서 견지된 개념과 구체적 사물의 모순관계이다. 「통변론」(通變論)과 「명실론」(名實論)은 구체적 사물의 변화와 그에 따른 명실 간의 관계 변경을 다루고 있다. 여기서는 「백마론」과 「지물론」을 중심으로 공손룡의 사상을 다루겠다.

공손룡의 명학도 명과 실의 관계를 따지는 명학의 틀 속에서 이해되어야 한다. 그것은 기본적으로 어떤 존재론적 문제나 인식론적 문제가 아니라, 언어 표현의 정확성을 기하는 언어의미론, 나아가 언어화용론의 문제이다. 물론 언어지칭성의 문제보다 존재론의 문제가 더 근본적이라고 보는 견해가 있을 수 있다. 언어지칭성은 항상 존재론의 문제가 선제되어야 한다고 믿기 때문이다. 예컨대, 성중영은 이런 입장을 취하는 대표적인 학자이다. 그는 먼저 공손룡의 사상이 구체적인 것 속에서 추상적인 것을 표현하려고 했던 중국의 주된 사유 경향에서 예외적이었던 것으로 취급한다. 그가 공손룡을 플라톤주의자로 보는 것은 바로 공손룡에게서 추상적 용어들이 구체적 맥락과 분리되어 사용된다는 점에 있다. 그리고 바로 이 점이 순자에게서 '이름으로 사실을 어지럽히는 오류'(以名亂實)를 범한 것으로 비판받는 이유였다고 한다. 다시 말해 순자에게서 이름이란 중국의 주류 사상이 그러했듯이 지각과 경험에 의해 성립되는 구체적인 실재로부터 분리될 수 없어야 하는데, 공손룡은 예외적으로 이름만으로 실재를 구성하려고 했다는 것이다.[1]

하지만 내가 보기에 공손룡의 명학은 먼저 언어지칭이론의 관점에서 살펴보아야 한다. 물론 겸이나 체가 무엇이냐, 그것을 어떻게 인식하느냐

---

1 Cf. Chung-ying Cheng, "Kung-sun Lung", p. 348.

의 문제를 다룬다는 점에서 존재론이나 인식론의 문제와 연결될 수 있다. 그러나 사실 명학의 관점에서 이러한 문제를 접근할 때 논의의 핵심은 겸과 체의 문제라기보다, 단명과 복명의 지칭 문제에 놓여 있다. 겸과 체는 언어가 가리키는 실의 구분이고, 단명과 복명은 명의 구분이다. 공손룡은 흔히 실(사실)보다는 명(개념)에, 윤리나 정치학보다는 인식론이나 존재론에 관심을 기울인 궤변가로 분류되었으나, 사실은 그도 후기묵가와 마찬가지로 바로 이런 지칭에 대한 문제의식을 가지고 있었기에 어디까지나 명학의 범주에서 논의해야 한다. 즉, 공손룡 주장의 핵심이라고 여겨져온 「백마론」과 「지물론」도 일차적으로 이런 문제의식 하에서 이해되어야 한다. 지금까지 「백마론」과 「지물론」은 백마(白馬)나 마(馬), 지(指)와 물(物)과 같은 존재 대상의 위격을 다루는 글로 이해되었고, 이런 점에서 공손룡에게 보편자 실재론, 플라톤적 추상 실재론, 혹은 보편 속성론, 나아가 물질 실체론(mereology)과 같은 존재론적 입장이 부여되었던 것이다. 물론 공손룡을 위시한 고대 사상가들의 존재론을 그려내는 것은 무척 흥미로운 일이다. 그러나 그런 존재론이 어떤 방식으로 고대 중국에서 제기되는지를 보기 위해서는 명학의 문맥, 즉 지칭의 문맥을 잘 살펴보아야 한다. 왜냐하면 공손룡의 존재론은 어디까지나 이차적으로 우리가 구성해낸 이론이기 때문이다. 다시 말해 백마론은 '백마는 마가 아니다'는 주장을 옹호하려는 글인데, 이것은 일차적으로 백마와 마의 존재론적 관계를 탐구하는 문제라기보다, "백마"와 "마"라는 표현이 가리키는 것이 무엇이냐는 지칭의 문제로 접근해야 한다는 의미이다. 백마와 마의 존재론적 위격은 지칭의 문제를 이해하는 과정에서 요청되는 일종의 부산물이다. 지물론도 그 첫 문장인 "물막비지 이지비지"(物莫非指 而指非指, 사물은 지칭되지 않음이 없다. 그런데 지칭은 지칭되지 않는다)가 핵심적 주장일 수 있는데, 여기서도 물(物)과 지(指)가 무엇이냐는 물음보다는 "물"(物)과 "지"(指)라는 언어적 표현들이 가리키는 것이 무엇이냐는 물음으로 먼저 접근하는 것이 논의 문맥을 이해하는 데 좋다. 그러므로 아래에서는 명에 의한 실의 지칭론을 중심으로 백마론과 지물론을 중점적으로 다루겠다. 우리가 공손룡의 대표적 사상을 해명하는 것에 있어서, 「백마론」과 「지물론」에 먼저 집중하는 이유는 그 대표적 모순성[2] 때문이기도 하지만, 이 편을 제외한 다른 편의 내용이 『묵경』과 중복되기 때문이다. 다시 말해 다른 편들로는 공손룡의 입장을 분명히 드러내기 어려운 측면이 있다는 것이다.

1. 「백마론」의 해석

백마론의 이해는 현행본 『공손룡자』의 「백마론」을 번역하면서 간단한 촌평(나의 생각)을 중간 중간 제시하고, 후에 이것을 바탕으로 총괄적 논평을 하는 형식으로 진행하고자 한다. 「백마론」의 내용을 논쟁자와 공손룡 간의 대화로 묶는 것은 많은 주석가들이나 번역가들이 견지하는 입장이므로 이에 따른다.

1) 논쟁자: 白馬非馬 可乎

공손룡: 曰可

논쟁자: "백마(白馬)가 마(馬)가 아니다"라고 하는데, 그것이 가능한가?

공손룡: 가능하다.

2 백마는 마일 것 같은데, 마가 아니라고 하고, 지칭되지 않는 것은 없다고 하면서 지칭은 지칭되지 않는다는 모순적 구조를 말한다.

나의 생각: 여기서 가(可)라는 표현이 주목되어야 할 것 같다. 가(可)를 일종의 가능성으로 보아, 공손룡에게는 "백마는 마가 아니다"(白馬非馬)만 가능한 것이 아니라, "백마는 마이다"(白馬馬也)도 가능하리라는 해석을 할 수도 있고, 가(可)를 일종의 사실성으로 보아, 그에게는 오직 "백마비마"만 가능하고, "백마마야"는 가능한 것이 아니었다고 볼 수도 있을 것 같다. 나는 전자를 지지한다.

2) 논쟁자: 曰何哉

공손룡: 曰馬者 所以命形也 白者 所以命色也 命色者 非命形也 故曰白馬非馬

논쟁자: 무엇 때문인가?

공손룡: "마"(馬)는 형태를 명명한 것이다. "백"(白)은 색채를 명명한 것이다. 색채를 명명한 것은 형태를 명명한 것이 아니다. 그러므로 백마가 마가 아니다라고 한 것이다.

나의 생각: 먼저 지적할 수 있는 것은 공손룡의 결론이 전제로부터 나올 수 있느냐는 것이다. 공손룡이 전제에서 말했던 것은 마와 백이 다르다는 것뿐인데, 어떻게 마와 백마가 다르다고 할 수 있느냐는 의문이다.[3] 이것은 결국 "백마"라는 겸명(兼名)[4]과 "마"라는 단명(單名)의 지칭체가 달라지는 것을 가리키는 것이 아닐까? "백마"라는 겸명은 "백"과

3 Cf. Chung-ying Cheng, "Kung-sun Lung", p. 341; A. C. Graham, "The Disputation of Kung-sun Lung as Argument about Whole and Part", *Philosophy East and West*, 36/2 (1986: Apr.) p. 94.

4 공손룡은 이것을 복명(復名)이라고 하는데, 다른 변자 및 순자와의 비교를 위해 겸명(兼名)이라는 용어를 사용한다.

"마"의 결합이고, 따라서 그것은 마가 아닌 부분을 포함하고 있기에, "백마비마"라고 할 수 있다는 것이다. 마와 백이 다르다는 전제로부터 '백마비마'라는 결론이 도출되는 것이다. 물론 우리는 어떤 경우에 단명과 겸명이 같은 것을 가리킬 수 있음도 안다. 당연히 백마에는 마의 부분이 있으니까 그러하다. 공손룡도 "백마"와 "마"가 같은 것을 가리키는 경우가 있음을 알고 있었다. 그렇지만, 항상 그런 것은 아니라는 것을 공손룡은 백마비마를 통해 말하고 있는 것은 아닐까? 성중영의 주장처럼 공손룡이 말하는 것은 이름이 달라지면 지칭체도 달라진다는 것이라고 할 수 있다.[5] 그러나 공손룡의 입장이 "백마"와 "마"는 결코 같은 것을 가리키지 않는다라고 하면 지나친 것이다.

3) 논쟁자: 曰有白馬 不可謂無馬也 不可謂無馬者 非馬也 有白馬爲有馬 白之非馬 何也

공손룡: 曰求馬 黃黑馬皆可致 求白馬 黃黑馬不可致 使白馬乃馬也 是所求一也 所求一者 白者不異馬也 所求不異 如黃黑馬有可有不可何也 可與不可其相非明 故黃黑馬一也 而可以應有馬 而不可以應有白馬 是白馬之非馬審矣

논쟁자: 백마가 있다면 마가 없다고 말할 수 없다. 마가 없다고 말할 수 없는데, 그러면 백마는 마가 아닌가? 그러므로 백마가 있으면 마가 있다고 여기게 된다. 그런데도 백이 마가 아니라는 것은 무엇 때문인가?

공손룡: 마를 구하면 황마와 흑마 모두 이르게 할 수 있다. 그러나 백마를 구하면 황마와 흑마는 이르게 할 수 없다. 만약 백마가 곧 마라면 이것은

---

5 "공손룡의 추리논리는 동일성의 논리이다. 그에 따르면 어떤 단순 이름도 복합 이름과 동일하지 않고, 어떤 단순 이름이 가리키는 것도 복합 이름이 가리키는 것과 동일하지 않고 그 반대도 마찬가지라고 한다." *Ibid.*, p. 343.

구하는 것이 같다. 구하는 것이 같은 것은 백이 마와 다르지 않다는 것이다. 구하는 것이 다르지 않는데, 황마와 흑마와 같은 것들이 可(이르게 할 수 있는 경우)와 不可(이르게 할 수 없는 경우)가 있는 것은 무엇 때문인가? 可와 不可는 서로 다름이 분명하다. 그러므로 황마와 흑마는 한결같이 마가 있음에는 대응할 수 있지만(可), 백마에는 대응할 수 없다(不可). 이것으로 백마가 마가 아님이 분명하다.

나의 생각: 앞의 단락이 "백마"와 "마"의 내포적 의미가 다름을 말하였다면, 흔히들 이곳에서는 "백마"와 "마"의 외연적 의미가 다르다거나, 혹은 "백마"와 "마"의 쓰임이 다름을 말하는 것으로 이해한다. 내포적 의미건 외연적 의미건 공손룡은 앞선 단락과 마찬가지로 백마의 개념이 마의 개념을 포함하고 있음을 부정하는 것이 아니라, 백마라는 개념과 마라는 개념의 동일성을 부정하는 것으로 이해되었다. 그러나 나는 이곳에서 논쟁자와 공손룡이 개념이나 문장 차원에서 대립하는 것이 아니라 용어의 지칭 차원에서 대립하고 있다는 점을 강조해야 한다고 생각한다. 개념 간의 포섭이나 동일성이 성립하는지를 놓고 대립하는 것도 아니고, 그러한 점들이 문장적 표현으로 성립할 수 있는지를 놓고 대립하는 것도 아니라는 말이다. 공손룡의 논쟁자가 이해하기에 공손룡의 "백마비마" 테제는 '백마가 있으면 마가 있다고도 할 수 있음을 부인하는 것'이다. 다시 말해 "백마"라고 지칭하는 것에 대해, "마"라고 할 수 있음을 부인하는 것으로 보고 있다. 이것은 논쟁자의 입장에서는 결단코 받아들일 수 없는 것이므로, 논쟁자는 공손룡과 대립하게 되는 것이다. 하지만 이에 대한 공손룡의 반응은 공손룡이 그것을 직접적으로 부인하고 있지 않음을 보여준다. 공손룡은 "황마와 흑마는 한결같이 마가 있음에는 대응할 수 있지만, 백마에는 대응할 수 없다"(故黃黑馬一也 而可以應有馬

而不可以應有白馬)라고 함으로써, "백마"라고 지칭하는 것에 대해 "마"라고 지칭하지 않을 수는 없지만, 역으로 "마"라고 지칭하는 것에 대해 "백마"라고 지칭할 수 없는 상황이 있음을 주장한다. 물론 그런 상황이란 그 지칭대상이 황마이거나 혹은 흑마인 경우이다. 문제는 논쟁자가 그것을 부정하는가이다. 사실 그렇다고 말할 근거도 없기에 공손룡과 논쟁자는 대립하는 것이 아니다. 백마는 마의 부분을 이루고 있다는 공통의 인식하에서, 공손룡은 부분과 전체가 같지 않음을, 논쟁자는 부분이 전체에 속해 있음을 주장하고 있을 뿐이다.

4) 논쟁자: 曰以馬之有色爲非馬 天下非有無色之馬也 天下無馬 可乎

공손룡: 曰馬固有色 故有白馬 使馬無色 有馬如已耳 安取白馬 故白者非馬也 白馬者 馬與白也馬與白馬也 故曰白馬非馬也

논쟁자: 마가 색을 가지고 있다는 것으로 마가 아니라고 여기지만 세상에 색이 없는 마는 없다. 세상에 마가 없다고 여기는 것이 가능한가?

공손룡: 마에는 본래 색이 있으므로 백마가 있다. 만약 마에 색이 없다면 마가 있을 뿐이다. 어디에서 백마를 취하겠는가? 그러므로 백은 마가 아니다. 백마는 마와 백이다. 즉 마와 백마(의 관계)이다. 그러므로 백마는 마가 아니다라고 한다.

나의 생각: 공손룡이 별다른 생각을 한 것이 아닌데도, 논쟁자는 여전히 공손룡의 생각을 비상식적인 주장을 한 것으로 몰아간다. 논쟁자는 공손룡의 백마비마 테제가 공손룡이 백마에 대해 마가 아니다라고 말하는 것이라고 생각한다. 나아가 그는 공손룡의 그러한 주장의 근거는 단 하나, 말에 색이 있기 때문인데, 그러나 그 근거를 밀고 나가면 세상에는 마라고 할 수 있는 것이 없다고 하는 이상한 주장에 빠지게 되므로,

공손룡의 주장이 틀렸다고 논박한다. 논쟁자는 여기서 일종의 귀류법[6]을 사용하고 있다. 이에 대한 공손룡의 대답은 좀 이해하기 어렵다. 그저 나의 생각은 그런 것이 아니다라고 말하고 자신의 뜻을 조금 부연설명하면 될 텐데, 그는 처음에 모든 말에는 색이 있음을 긍정하다가, 갑자기 만약에 색이 없다면 마 자체만(馬如已) 있을 뿐이라고 한다. 이 '마 자체'(馬如已)를 풍우란은 마의 이데아 혹은 형상이라고 해석하는데, 문제는 이 '마 자체'가 문장 중에서 긍정되는 것이냐는 점이다. "어디에서 백마를 취하겠는가"라는 공손룡의 말은 "마에는 본래 색이 있다"는 그의 또 다른 말로 비추어볼 때, 현실적으로 이 마 자체가 존재하는 것은 아니라고 보는 것 같다. 그런데, 이것이 이데아로서의 마를 긍정한 것인지는 잘 모르겠다. 그러려면 적어도 현실세계와는 다른 세계에 대한 논의가 있어야 할 텐데, 공손룡에게서 그것을 찾는 것은 어려워 보인다. 아무튼 공손룡이 "백은 마가 아니고, 백마는 마와 백의 합으로 보아야 하니, 백마는 마가 아니다"라고 하는 것은 마치 백마에는 마가 아닌 백의 부분이 있으므로 "백마비마"(白馬非馬)라는 표현이 가능하다는 것 같다. 이는 "우마"(牛馬)에는 '마(馬)가 아닌 우(牛)'(非馬)가 포함되어 있으므로 "우마비마"(牛馬非馬)라는 표현이 가능하다는 『묵경』의 입장과 유사한 것 같다.

5) 논쟁자: 曰馬未與白爲馬 白未與馬爲白 合馬與白 復名白馬 是相與以不相與爲名 未可 故曰白馬非馬 未可

논쟁자: 마가 아직 백과 함께 하지 않은 것을 마라고 여기고, 백이 아직

6 귀류법이란 전제가 참임을 가정하고 논리적으로 추론했을 때, 모순적 결론에 도달하는 것을 보임으로써, 전제가 거짓임을 증명하는 방법이다.

마와 함께 하지 않은 것을 백이라고 여긴다. 그런데 마와 백을 합하여 복명으로 백마라고 한다면 이것은 상여(함께 하는 것)를 불상여(함께 하지 않는 것)로 명명한 것이니, 아직 가능하지 않다. 그러므로 백마비마라는 것은 아직 가능하지 않다.

나의 생각: 논쟁자는 공손룡의 백마비마를 '상여(相與, 백마)를 불상여(不相與, 마)로 명명한 것'이라고 보고, '상여를 불상여로 명명한 것'이 가능하지 않은 것처럼, "백마비마"도 가능하지 않다고 한다. 그러나 논쟁자의 논리를 따르면, 가능하지 않는 것은 "백마비야"이지 "백마비마"가 될 수 없다. 이것은 차라리 공손룡의 생각이어야 할 것 같다.

6) 공손룡: 曰以有白馬爲有馬 謂有白馬爲有黃馬 可乎

논쟁자: 曰未可

공손룡: 曰以有馬爲異有黃馬 是異黃馬於馬也 異黃馬於馬 是以黃馬爲非馬 以黃馬爲非馬 而以白馬爲有馬 此飛者入池 而棺槨異處 此天下之悖言亂辭也

공손룡: 백마가 있다는 것을 가지고 마가 있다고 여기니, 백마가 있다는 것으로 황마가 있다고 말하면 가능한가?

논쟁자: 가능하지 않다.

공손룡: 마가 있다는 것은 황마가 있다는 것과 다르다고 여기니, 이것은 황마가 마와는 다르다는 뜻이다. 황마가 마와 다르므로 그 때문에 황마는 마가 아니라고 여긴다. 황마가 마가 아니라고 여기면서 백마를 가지고 마가 있다고 여기는 것은 날아가는 것이 연못에 빠지고, 관과 곽이 다른 곳에 배치된 것과 같은 것이다. 이것은 세상의 어그러진 말이고 어지러운 글이다.

나의 생각: 이 부분은 내용에 비추어보았을 때 여기가 아니라, 3)단락

뒤에 놓여야 할 것 같다. 어쨌든 공손룡은 여기서 좀 더 적극적으로 자신의 생각을 개진한다. 그는 일종의 치환 법칙을 써서, "유백마"에 대해 "유마"라고 할 수 있지만, "유백마"에 대해 "유황마"라고 할 수 없다는 것으로부터 "유마"와 "유황마"의 다름을 끌어내고, 이로써 "황마비마"의 주장을 도출한다. 공손룡은 "백마비마"를 부인하고서 "황마비마"를 주장하는 것은 모순이므로, "백마비마"를 받아들여야 한다고 결론 내린다.

7) 논쟁자: 曰有白馬 不可謂無馬者 離白之謂也 不離者有白馬不可謂有馬也 故所以爲有馬者 獨以馬爲有馬耳 非有白馬爲有馬 故其爲有馬也 不可以謂馬馬也

논쟁자: 백마가 있다고 해서 마가 없다고 말할 수 없다. 그것은 백을 떼고 일컫는 말이기 때문이다. 떼어지지 않는 것은 백마가 있다고 해서 마가 있다고 말할 수 없다. 그러므로 마가 있다고 여기게 되는 이유는 단지 마를 가지고 마가 있다고 여기게 되는 것일 뿐이며, 백마가 있음을 가지고 마가 있는 것으로 여기는 것은 아니다. 그러므로 그것은 마가 있다고 여기는 것이고, 마마라고 말할 수는 없다.

나의 생각: 논쟁자는 여기서 백마에 대해 마가 없다고 말할 수 없다고 한다. 즉 공손룡과 마찬가지로 백마에 대해 마라고 할 수 있다는 것이다. 그런데 그렇게 되는 것은 바로 백을 떼어내서 말하는 경우이므로 백마에 대해 완벽히 말한 것이 아니다. 백마는 그저 마마라는 것과는 달리 백을 포함하고 있는 용어이다. 그러나 이 점은 공손룡도 인정하지 않을까?

8) 공손룡: 曰白者不定所白 忘之而可也 白馬者 言定所白也 定所白者非白也 馬者無去取於色 故黃黑皆所以應 白馬者 有去取於色 黃黑馬皆所以

色去 故唯白馬獨可以應耳 無去者非有去也 故曰白馬非馬

공손룡: 백은 희게 된 것을 고정시키지 않은 것이니, 그것을 잊어도 된다. 백마는 희게 된 것을 고정시키는 것을 말한다. 희게 된 것을 고정시키는 것은 백이 아니다. 마는 색에 대해 제거하고 취한 것이 없다. 그러므로 황마와 흑마가 모두 그것에 대응할 수 있다. 백마는 색에 대해 제거하고 취한 것이 있어서 황마 · 흑마는 모두 색으로 제거하는 것이 있으므로, 오직 백마만이 홀로 그것에 대응할 수 있을 뿐이다. 제거한 바가 없는 것은 제거한 바가 있는 것이 아니다. 그러므로 백마는 마가 아니라고 말한다.

나의 생각: 여기서 핵심이 되는 것은 '백마'와 '백'의 차이이다. 전자는 '정소백'(定所白)이고 후자는 '부정소백'(不定所白)이다. 사실 이해가 안 되는 것은 소백(所白)이다. '희게 된 곳, 백이 있는 곳, 즉 마'라는 의미일까, '흰 상태'의 의미일까? 전자는 수동의 의미이고, 후자는 힘의 작용의 의미일 것이다. 잘 모르겠다. 그저 백이라는 것이 마와 함께 고정된 것이 백마이고, 그렇지 못한 것이 백이라고 하자.[7] 다시 말해 "白者不定所白"(백은 희게 된 것을 고정시키지 않은 것)이란 표현은 앞서의 "말 그 자체"(馬如已)라는 표현과 마찬가지로 아직 다른 것과 섞이지 않는 것을 가리킨다고 하자. 이것들은 풍우란을 비롯한 많은 이들에게 이데아 존재론을 공손룡에게 부과하게 하였다. 그런데 문제는 공손룡이 이것들에 대해 "그것을 잊어도 된다"고 말하는 점이다. 이 말은 혹시 현실세계에 존재하지 않는 것들을 중시하지 않는 태도의 반영은 아닐까? 그렇다면 이것은 구체적 사물들이 추상적 속성들로 분석 또는 환원된다는 기존의 공손룡

7 성중영은 이 부분을 해석하면서, 이것은 색을 고정하지 않는 '마'가 색을 고정한 '백마'와 다르다고 말하는 것과 같다고 보았다. Chung-ying Cheng, "Kung-sun Lung", p. 344.

해석8과 상충된다고 하겠다.

총평: 내가 보기에 "백마가 마가 아니다"라는 공손룡의 주장은 다음의 두 가지 단계를 통해서 주장되었다:

첫째, "마"(馬)는 형태를 이름(지칭)하는 것이고, "백"(白)은 색깔을 이름(지칭)하는 것인데, 색깔을 이름(지칭)하는 것은 형태를 이름(지칭)하는 것이 아니다.

둘째, 백마는 마와 백의 결합이므로, 백마와 마는 같다고 할 수 없다.

기존의 백마론 해석은 공통적으로 백마의 개념은 비록 마의 개념에 속하지만, 백마와 마의 개념은 다르다는 점을 공손룡이 의도한 것이라 보았다. 또한 공손룡의 "백마비마" 주장이 성립될 수 있음은 바로 백마·백·마 등의 존재론적 위격이 다르기 때문이라고 보았다. 풍우란 등에 의해 시도된 보편자 존재론에서는 백마·백·마는 공상(共相), 즉 보편자를 가리키므로, 백마와 마가 다르다는 주장은 백마와 마라는 보편자의 존재론적 위격이 다르기 때문이라고 보았다. 한센(Chad Hansen)은 이러한 보편자 혹은 추상체 존재론을 거부하면서 이른바 "물질실체가설"(Mass Noun Hypotheis)을 내세운다. 이에 따르면 고대 중국어에 명사·형용사 등의 품사 구분이 불분명한 점을 들어 고대 중국에서의 존재론은 서구와 같은 실체, 속성이 아니라, 물질실체를 기초로 한다고 보았다. 또한 중국의 겸명은 그 형태의 유사성에도 불구하고, 물질곱(mass product)과 물질합(mass sum)의 두 가지로 나누어볼 수 있는데, 백마는 물질곱을, 우마는 물질합을 지칭한다는 것이다. 이에 따른 백마비마의 의미는 백의 물질실

8 *Ibid.*

체와 마의 물질실체의 겹쳐진 부분과 마의 물질실체 사이에는 동일성이 성립하지 않는다는 것이다.

첫 번째 근거만을 살펴보면, 많은 학자들은 공손룡의 이러한 주장이 사실 백마비마를 옹호하지 못하고, 단지 백이 비마임을 보여주는 것이 아닌가하고 의심했다. 하지만 "우비마"로부터 "우마비마"를 끌어내는 것과 같이 "백비마"만 가지고도 "백마비마"로의 추론은 가능할 수도 있다. 문제는 만약 이러한 추론에 입각해서 공손룡이 백마비마를 이야기한 것이라면, 후기묵가와 공손룡 사이에 차이가 거의 없다는 것이다. 사실 흥미로운 것은 '마가 형태를 이름하는 것이고, 백은 색깔을 이름하는 것'이라는 표현이 「대취」편에도 등장한다는 점이다. 생각보다는 후기묵가와 공손룡의 차이가 크지 않을 수 있다는 생각이다.

두 번째 근거에 대해, 공손룡은 "백마는 마와 백의 결합인즉, 마와 백의 결합이 마일 수 있겠는가?" "백은 대상을 고정하지 않은 백이다. [……] 그러나 백마의 경우는 백이 대상을 고정한 백이다. 대상을 고정한 백은 백이 아니다"라고 하였다. 이 두 번째 근거는 자칫하면 공손룡이 "백마마야"(白馬馬也)라는 표현이 불가능한 것으로 보았다고 해석될 수도 있겠지만, 굳이 이렇게 보지 않고, 그저 백마비마가 가능하다는 점을 강조하기 위한 표현으로 볼 수 있으므로 첫 번째 근거의 가정에서와 같이 겸명의 상황에서 이해해볼 수 있을 것이다. 즉 백마비마는 우마비우와 같은 겸명의 문제로 이해할 수 있다. 이런 맥락에서, 공손룡이 견백론과 백마론에서 '견'과 '백'이 떨어지고, 그리고 '백마'가 '마'가 아니라고 한 까닭은 단순히 그것들, 즉 '견'과 '백', '백마'와 '마'가 유(類)를 달리한다는 것으로 표현될 수 없다. 또한 "견"과 "백", "백마"와 "마"의 쓰임이 다르다거나, 그들 간의 개념이 다르다는 식으로 해석되어질 수도 없다. 그뿐만 아니라 공손룡의 상대자나 후기묵가가 공손룡의 주장들을 비판한 이유도 '백마'와 '마' 사이는 개념적 함축관계가 있는데, 공손룡이 이것을 소홀히 했다는 식으로 말해질 수도 없다. 이런 것들은 지나치게 정태적 의미론에 입각해 있기 때문이다. 공손룡과 후기묵가의 문제의식을 이해하기 위해서는 구체적 발화 상황에서 발화자의 의도에 주의를 기울이는 좀 더 화용론적인 상황을 생각해야 할 것 같다. 백마를 "마"로 부를 수 있는 상황, 견백석을 때로는 "견"(堅)으로, 혹은 때로는 "백"(白)으로, 나아가 심지어 "물"(物)로 부를 수 있는 상황을 생각해보아야 한다. 우마비마(牛馬非馬)의 명제도 특정한 소나 말의 집합을 "우마"(牛馬)로 부르기도 하고, 때로는 그 중의 우(牛)가 마(馬)가 아니기에 "비마"(非馬)라고 부를 수도 있는 상황, 나아가 그 중의 마(馬)가 우(牛)가 아니기에 "비우"(非牛)라고 불를 수도 있는 상황을 고려해보아야 한다. 그리고 그 상황들 속에서 발화자가 가리키려고 하는 것을 고려해보아야 공손룡과 후기묵가의 유(類) 개념, 나아가 그들의 작업 혹은 그들 간의 대화를 이해할 수 있다.

내가 보기에 논쟁자의 입장은 꼭 공손룡과 상반될 필요가 없다. 예컨대 맹자가 고자에게 인성과 동물성의 다름을 보여주기 위해 제시한 질문, 즉 "백옥의 백, 백설의 백, 등등이 같다고 생각하는가?"[9]를 고려해보자. 고자는 이에 동의를 표하지만, 맹자는 이러한 것을 부정한다. 백옥의 백과 백설의 백이 같다면 결국 인성과 동물성이 같음을 보여준다고 생각했기 때문이다. 맹자는 아마도 백이 무엇과 결합하느냐에 따라 백의

9 『맹자』「고자상」.

개념이 달라진다고 보지만, 고자는 백은 백으로 무엇과 결합해도 백이라고 본 듯하다. 그런데, 백의 존재론적 위격에 대해 이 두 사람의 입장이 차이가 나는가? 내가 보기에 차이가 꼭 있을 필요는 없을 것 같다. 우리가 그저 상식적 실재론을 받아들여도 위의 두 가지 태도를 다 취할 수 있기 때문이다. 즉 「백마론」에서 공손룡이 논쟁자와 상이한 입장을 가진 것이 아니라, 논쟁자의 입장을 보충 · 보강하는 것으로 볼 수 있다. 즉 「백마론」에서의 공손룡과 논쟁자는 상보적 · 대대적 입장을 제시하고 있을 뿐이다. 스스로 가상의 상황을 설정하고, 그것을 통해 자신의 입장을 전달하는 방식은 고대 중국에서는 물론 서구의 고전에서도 볼 수 있다.

한 가지 덧붙이고 싶은 것은 공손룡이 '대상을 고정하지 않은 백'과 '대상을 고정한 백'을 구분하고 있는 점이다. 다시 말해 공손룡은 같은 겸명이라도 우마와 백마의 차이를 인식하고 있는 것 같다. 우마에서의 우나 마와는 달리 백마에서의 백은 마에 의존하고 있다는 점을 보인 것이다. 바로 이 점이 백과 마의 분리를 주장한 공손룡의 입장이 반드시 이데아 실재론을 함축하지 않음을 보여주는 것 같다.

2. 「지물론」의 해석

지물론은 그레이엄이 "어떤 두 주석가도 일찍이 이것을 해석하는데, 의견 일치를 보지 못했다"[10]고 할 정도로 공손룡의 대표적 주장 중에서

10 A. C. Graham, *Later Mohist Logic*, p. 457.

가장 다양한 해석이 제시되어왔다. 여기서는 이러한 점을 염두에 두고, 백마론에서 파악한 공손룡의 사상을 기반으로 지물론을 해석해보려고 한다. 핵심적인 것은 지(指)와 물(物) 간의 차이와 연대다. 백마론을 설명할 때 말한 것처럼 공손룡이 말한 것은 단순히 구체적인 것과 개념적인 것의 차이만이 아니라, 그들의 연대이다. 지(指)와 물(物)은 다른 것이다. 공손룡에 따르면 일단 지(指)는 세상에 존재하지 않는 것이고, 물(物)은 세상에 존재하는 것이다. 지(指)는 추상적인 것, 개념적인 것이고, 물(物)은 구체적인 대상을 말한다.[11] 여기서 지(指)는 백마론의 백(白)이나 마 그 자체(馬如已)와 같은 것이고, 물(物)은 백마론의 백마(白馬)와 같은 것이라고 볼 수 있다. 다시 말해 「백마론」에서 공손룡은 백과 백마를 구별하면서 전자는 부정소백(不定所白)이고, 후자는 정소백(定所白)인데, 전자는 잊어도 가능하다고 말했다. 이는 아마도 전자가 세상에 그 자체로 존재할 수 없기 때문일 것이다. 공손룡은 「지물론」에서 물(物)은 지(指)라고 할 수 있지만, 지(指)는 지(指)가 아니다[12]라고 하였는데, 이것은 아마도 백마는 (구체적인 것이어서) 가리킬 수 있지만, 마 그 자체는 (그렇지 않아서) 가리킬 수 없다는 것을 의미하는 것 같다.[13] 성중영은 백마와 같은 모든

---

11 성중영은 지(指)를 지칭의 대상들로 이해하고, 이를 플라톤적 성질로 파악한다. 물론 이것은 공손룡에게 구체적인 것들과는 달리, 실재하는 것이지만, 그것들이 세상의 사물들을 묘사하기 위해서 사용되지 않는다면 세상에 존재하지 않게 된다, 즉 감춰지게 된다고 보았다. Chung−ying Cheng, "Kung−sun Lung", p. 345.

12 이런 역설은 공손룡의 백마비마(白馬非馬) 주장에서뿐만 아니라 노자의 "도가도 비상도"(道可道 非常道, 도를 도라고 하면 항상된 도가 아니다) 혹은 유가나 묵가의 "지부지지야"(知不知知也, 모르는 것을 아는 것이 아는 것이다)에서도 볼 수 있다.

13 『묵경』에서도 개념적으로는 아는 것이지만, 실제로는 가리킬 수 없는 것들에 대해 말하고 있다. "알지만 가리킬 수 없다. 그 이유는 춘과 도망간 신하, 개와 강아지, 잃어버린 것에 있다" 「경하」. "춘이라는 사람은 그 형세를 정말로 가리킬 수 없다. 도망간 신하는 있는 곳을 알 수 없다. 개와 강아지는 그 이름을 알 수 없다. 잃어버린 것은 정교한 그물로도

구체적 사물은 백이나 마 같은 단순하고 독립적인 추상적 성질들의 합성물(compounds)이나 교차부분(conjunctions)이므로 이들을 통해 드러나는 반면, 마와 같은 단순하고 독립적인 추상적 성질들은 그럴 수 없다고 보았다. 후자의 경우는 그것을 표현할 '이차적 성질'(second order qualities)이 없기 때문이라는 것이다.[14] 어떻게 보건 이러한 견해들은 지와 물 간의 차이를 말한 것이다. 한마디로 공손룡은 백마론을 통해 백마와 마의 차이를 말했는데, 지물론에서는 그것을 일반화해서 지와 물은 다르다고 한 것이다. 문제가 되는 것은 공손룡이 물(物)은 지(指)를 필요로 하고, 지(指)는 물(物)을 필요로 한다고 한 부분인데, 이것은 마치 백이나 마가 백마처럼 존재하는 것은 아니지만, 없다고 할 수 없듯이, 구체적 사물과는 다르지만, 구체적 사물을 구체적 사물로 인식하게 하는 속성이나 지칭 작용이 구체적 사물과는 다른 방식으로 존재한다고 말하는 것 같다. 아마도 속성이나 지칭의 작용은 일차적으로 마와 같은 추상적 대상에 대해서가 아니라, 백마와 같은 구체적 대상에 대해서 이루어지기 때문일 것이다. 속성이나 지칭의 작용은 구체적 사물과는 다르지만 어쨌든 그것이 있음을 부정할 수는 없다는 것이 공손룡의 생각이었다. 물과 지 사이의 이런 인식론적 · 지식론적 위격의 상이성 때문에 많은 사람들은 지(指)를 보편자 · 의미 · 속성 등으로 해석해왔다. 이런 주장들의 어려운 부분은 지(指)라는 말이 가지는 의미의 이중성이다. 지(指)는 지칭작용과 지칭대상을 아울러 가리킨다. 즉 지(指)는 동사와 명사 두 가지로 다 사용되고 있다고 볼 수 있다. 그러나 내가 보기에, 이렇게 한 글자에 여러 의미를

얻을 수 없다" 「경설하」("所知而弗能指 說在春也 逃臣 狗犬 貴者" 「경하」. "所 春也 其執固不可指也 逃臣不智其處 狗犬不智其名也 遺者 巧弗能兩也" 「경설하」).

14 Chung-ying Cheng, "Kung-sun Lung", pp. 345~346.

부여하는 것보다는 지(指)를 단지 구체적인 것을 가리키는 작용만 의미한다고 보고, 물(物)은 그런 지칭작용에 의해 가리켜진 사물로 보는 것이 좋을 것 같다. 이렇게 하면 속성이나 보편자를 끌어들이지 않고도 지(指)를 해석해낼 수 있을 것이다. 지칭작용은 만물이 사물로 불리기 위해 필요한 것이지만, 그 자신은 구체적인 사물이 아니기에 지칭되지 않는다고 해석하는 것이 좋을 것이다. 마치 불교에서 능(能, 인식주체)과 소(所, 인식객체)의 구분과 같다. 이것은 지를 물과는 존재위격이 다른 것으로 보는 기존의 해석과 궤를 같이하면서, 지의 의미를 분명히 하는 장점이 있다. 이런 관점에서 지물론을 번역해보자:

1) 物莫非指 而指非指

(구체적) 사물은 지칭되지 않음이 없다. 그런데 지칭(의 작용)은 지칭되지 않는다.

2) 天下無指 物無可以謂(謂: 爲)物 非指者 天下無[15] 物可謂指乎

천하에 지칭이 없다면 사물은 사물로 불려질 수 없다. 지칭되지 않음(지칭이 아님)은 지칭되는 것이 없다는 것이다.

나의 생각: 물론 지칭이 지칭되지 않는다고 지칭이 없다고 할 수는 없다. 지칭이 없다면 사물을 지칭하는 것도 불가능하기 때문이다. 다시 말해 지칭의 있음과 사물의 있음의 방식은 다르다는 말이다.

3) 指也者 天下之所無也 物也者 天下之所有也 以天下之所有 天下之所無

---

15 원래는 "而"로 씌어 있는데, 유월(兪樾)의 교정에 의해 고친다.

未可

지칭이라는 것은 세상에 없는 것이고, 사물은 세상에 있는 것이다. 세상에 있는 것을 세상에 없는 것으로 여기는 것은 아직 가능하지 않다.

4) 天下無指 而物不可謂指也 不可謂指者 非指也 非指者 物莫非指也

세상에 지칭이 없으면 사물은 지칭될 수 없다. 지칭될 수 없다는 것은 지칭되지 않음(지칭이 아님)이다. 지칭되지 않는다는 것은 사물이 다 지칭된다는 것이다.

나의 생각: 마지막 문장 "(사물이) 지칭되지 않는다는 것은 사물이 다 지칭된다는 것이다"의 의미는 사물이 지칭되지 않을 수는 없으니, 결국 세상에 지칭은 있어야 하고, 이로 인해 모든 사물은 결국 다 지칭된다는 것 같다.

5) 天下無指而物不可謂指者 非有非指也 非有非指者 物莫非指也 物莫非指者 而指非指也

세상에 지칭이 없으면 사물이 지칭될 수 없다는 것은 지칭되지 않음이 없다는 것이다. 지칭되지 않음이 없다는 것은 사물이 다 지칭된다는 것이다. 사물이 다 지칭된다는 것은 지칭은 지칭되지 않는다는 것이다.

나의 생각: 4)의 마지막 문장과 마찬가지로 5)의 마지막 문장은 '사물이 다 지칭된다는 것은, 사물과 다른 위격에 있는 지칭은 지칭되지 않는다'를 의미하는 것 같다. 흥미롭게도 이것이 바로 지물론의 첫 문장이다.

6) 天下無指者 生于物之各有名 不為指也 不為指而謂之指 是兼不為指 以有不為指之 無不為指未可

세상에 지칭이 없다는 것은 사물이 각각 이름을 가지지만, 그 이름이 지칭을 하지 않음에서 비롯한다. 지칭을 하지 않는데, 그것을 지칭이라고 말하는 것은 지칭을 하지 않는 것을 지칭으로 포함하는 것이다. 지칭을 하지 않는 것을 지칭하는 것으로 여기는 것은 아직 가능하지 않다.

7) 且指者天下之所兼 天下無指者 物不可謂無指也 不可謂無指者 非有非指也 非有非指者 物莫非指 指非非指也 指與物非指也

또 지칭은 세상에서 두루 행하는 것이다. 세상에 지칭이 없다는 것은 사물이 지칭될 수 없다고 말할 수는 없다는 것이다. (사물이) 지칭될 수 없다고 말할 수 없는 것은 지칭되지 않음이 없다는 것이다. 지칭되지 않음이 없다는 것은 사물이 다 지칭된다는 것이다. 지칭은 지칭되지 않음이 아니고, 사물과 함께 지칭되지 않는다.

8) 使天下無物指 誰徑謂非指 天下無物 誰徑謂指 天下有指無物指 誰徑謂非指 徑謂無物非指

세상에 지칭된 사물이 없다면 누가 성급하게 지칭되지 않는다고 일컫겠는가? 세상에 사물이 없으면 누가 성급하게 지칭을 일컫겠는가? 세상에 지칭이 있고 지칭된 사물이 없는 것을 누가 성급하게 지칭되지 않음이라고 일컫고, 누가 성급하게 지칭되지 않는 사물이 없다고 일컫겠는가?

나의 생각: 이 부분은 잘 모르겠다. 많은 사람들이 물지(物指)를 '보편적 속성이 구체화된 것'으로 해석하는데, 그것이 무슨 함축을 가지는지 잘 모르겠다.

9) 且夫指固自爲非指 奚待于物而乃與指

또 지칭은 본래 스스로 지칭되지 않음인데, 어찌 사물에 기대어 지칭되는가?

3. 「견백론」, 「통변론」, 「명실론」

「견백론」, 「통변론」, 「명실론」과 『묵경』은 겹치는 부분이 많이 있다. 따라서 함께 다루는 것이 좋을 것 같다. 먼저 공손룡의 대표적 주장으로서 백마론 다음으로 많이 언급되는 견백론을 다루고 나서, 다른 편들을 살펴보자.

1) 「견백론」

논쟁자: 堅 白 石 三 可乎
논쟁자: 견 · 백 · 석은 셋이다. 가능합니까?

공손룡: 曰不可
공손룡: 불가하다.

나의 생각: 명 혹은 개념을 다 분리하는 공손룡의 입장에서, 왜 견, 백, 석의 셋이 성립하지 않을까가 의문일 수 있다. 나는 이 점 때문에 견백론을 공손룡의 입장과 일치하는 것으로 보기 힘들 것이라고 생각한다.

논쟁자: 曰二可乎
논쟁자: 둘이다. 가능합니까?

공손룡: 曰可
공손룡: 가능하다.

논쟁자: 曰何哉

논쟁자: 무슨 이유입니까?

공손룡: 曰無堅得白 其擧也二 無白得堅 其擧也二

공손룡: 견이 없이 백을 얻으니, 열거한 것은 둘이 되고, 백이 없이 견을 얻으니 열거한 것은 둘이 된다.

나의 생각: 여기서 '열거한 것이 둘이 된다'(其擧也二)는 표현에서 둘이 무엇을 가리키는지가 문제일 수 있다. 손영식은 그 둘이란 백과 견을 의미한다고 하였다.[16] 석을 일종의 속성의 담지자와 같은 실체로 보았다. 그는 기본적으로 공손룡을 돌과 같은 개별 실체를 부정하는 속성실재론자로 본다. 손영식의 이러한 입장은 공손룡이나 고대 중국 사상가들에게 개별실체와 보편속성의 구분이 있었음을 가정했을 때 의미가 있다. 성중영도 둘을 백과 견을 의미한다고 본다. 그러나 그는 손영식과는 다르게 돌을 뚜렷하게 개별실체로 보지는 않는다. 이것은 백마론에서 그가 마를 하나의 실체보다는 속성으로 본 것에 비추어볼 때 잘 알 수 있다.[17] 그럼에도 성중영은 돌이란 것이 견이나 백과 같은 방식으로 파악되지 않고, 늘 감추어져 있다고 생각하였다.[18] 왜 이것이 늘 감추어져 있는가?

16 손영식, 「'것'의 부정과 세계의 중심: 정재현 교수의 비판에 답함」, 『철학사상』 vol. 26, 서울대학교 철학사상연구소, 2007, 181~182쪽.

17 Chung-ying Cheng, "Kung-sun Lung", pp. 342~343.

18 "우리가 보는 것과 만지는 것은 돌이 아니기에 공손룡은 돌의 실존을 배제하려는 것 같다. 그러므로 그는 그것에 대해 우리가 감각적 관찰을 할 수 없는 것 같은, 그 사물 안에—즉, 석 · 백 · 견— 셋이 있음을 부인한다. 그러므로 공손룡의 논증은 독립적 성질들의 분리가능성과 돌과 같은 것들의 비존재를 성립시키기 위해 사용된다." *Ibid.*, p. 344.

왜 시각이나 촉각으로 석이 파악되지 않는다고 하는가? 견백석에서의 석과 백마에서의 마가 다른 것이 무엇인가? 이러한 어려움 때문에 둘은 백과 석이나 견과 석을 가리킨다고 해석할 수 있다. 다시 말해 눈으로 보았을 때, 우리가 확인하는 것은 백과 석 둘이고, 손으로 만졌을 때 우리가 확인하는 것은 견과 석 둘이라고 주장하는 것이다. 그러나 이 후자는 석이 눈으로도 확인될 수 있고, 만져서도 확인될 수 있다는 언급을 발견할 수 없는 난점을 지닌다.

논쟁자: 曰得其所白 不可謂無白 得其所堅 不可謂無堅 而之石也 之於然 非三也

논쟁자: 백한 바를 얻는데, 백이 없다고 이를 수 없고, 견한 바를 얻는데, 견이 없다고 이를 수 없다. 이 석이 그러한 것이다. 셋이 아니겠는가?

나의 생각: 하나의 견백석에서 시각으로 얻을 수 없는 견이나 촉각으로 얻을 수 없는 백이 없다고 할 수 없으니, 셋이라고 해야 하지 않겠느냐가 논쟁자의 주장인 것 같으므로, 둘은 그것을 뺀 백과 석 내지 견과 석이 되어야 되지 않을까? 논쟁자의 생각에서는 틀림없이 석이 견, 백과 같은 위격을 지니고 있다.

공손룡: 曰視不得其所堅 而得其所白者 無堅也 拊不得其所白 而得其所堅 得其堅也 無白

공손룡: 보아서는 견한 바를 얻지 못하고, 그 백한 바를 얻는 것은 견이 없기 때문이다. 만져서 그 백한 바를 얻지 못하고, 그 견한 바를 얻는데, 그 견한 바를 얻는 것은 백이 없기 때문이다.

나의 생각: 견백론에서 공손룡의 기본적 입장은 "인식되지 않는 것은 존재한다고 할 수 없다"이다. 손영식은 바로 이에 기반해서 공손룡을 버클리 식의 유아론(주관적 관념론)으로 해석하였다. 손영식 해석의 문제점은 석을 인식되지 않는 것으로 보는 점이다.

논쟁자: 曰天下無白 不可以視石 天下無堅 不可以謂石 堅白石不相外 藏三 可乎

논쟁자: 세상에 백이 없으면 석을 볼 방법이 없고, 천하에 견이 없으면 석이라 일컬어질 수 있는 길이 없다. 견·백·석은 서로 배척하지 않는다. 셋을 감추었다고 하는 것이 가능하지 않는가?

나의 생각: 논쟁자의 생각은 존재의 방식은 '드러나며 존재하는 것'만이 있는 것이 아니라, '감춰져서 존재하는 것'도 있다는 것이다. 견과 백은 때로는 감추어져 있지만, 그러나 그것은 언제나 드러날 수 있다는 점에서 없다고 할 수 없다는 것이다. 『묵경』에도 이와 유사한 생각이 개진되어 있다.19

공손룡: 曰有自藏也 非藏而藏也

공손룡: 스스로 감추어진 것이다. 감추려고 해서 감추어진 것이 아니다.

논쟁자: 曰其白也 其堅也 而石必得以相盛盈 其自藏奈何

논쟁자: 그 백과 그 견이 있어서 석은 이로써 서로 채워지고 이루어지는데, 그것이 스스로 감추어진 것은 무슨 까닭인가?

---

19 Graham, *Later Mohist Logic*, pp. 404~405.

공손룡: 曰得其白 得其堅 見與不見離 不見離 一一不相盈 故離 離也者 藏也

공손룡: 그 백을 얻고, 그 견을 얻는다. 보는 것과 보지 않는 것은 떨어져 있고, 보이지 않음은 떨어져 있는 것이니, 하나하나가 서로 채워지지 않으므로 떨어져있다. 떨어져 있는 것은 감추어졌기 때문이다.

논쟁자: 曰石之白 石之堅 見與不見 二與三 若廣修而相盈也 其非擧乎

논쟁자: 석의 백, 석의 견은 봄과 보지 못함으로 둘과 셋이다. 마치 폭과 길이 같이 서로 채워진다.

공손룡: 曰物白焉 不定其所白 物堅焉 不定其所堅 不定者兼 惡乎其石也

공손룡: 물이 백하는 것은 그 백한 바를 한정하지 않는 것이며, 물이 견하다는 것은 그 견한 바를 한정하지 않는 것이다. 한정하지 않는 것은 겸하여 있다. 어찌 그 돌에 있겠는가?

논쟁자: 曰循石 非彼無石 非石無所取乎白 (堅白) 石不相離者固乎 然其無已

논쟁자: 석을 만짐에 그것이 없으면 석이 없고, 석이 아니면 백석에서 취할 것이 없다. 서로 떨어지지 않는 것은 본래 그것이 그침이 없다.

공손룡: 曰於石一也 堅白二也 而在於石 故有知焉 有不知焉 有見焉 有不見焉 故知與不知相與離 見與不見相與藏 藏故 孰謂之不離

공손룡: 석은 하나이고, 견과 백은 둘이다. 그것들이 석 안에 있으므로 앎이 있고, 알지 못함이 이에 있다. 봄이 있고 보지 못함이 이에 있으므로 앎과 알지 못함이 서로 떨어져 있고, 봄과 보지 못함이 서로 더불어 감추어져 있다. 감추어져 있는 까닭에 누가 그것을 떨어지지 않았다고 이르겠는가?

논쟁자: 曰目不能堅 手不能白 不可謂無堅 不可謂無白 其異任也 其無以代也 堅白域於石 惡乎離

논쟁자: 눈은 견을 알 수 없고, 손은 백을 알 수 없으나 견하지 않다고 이를 수 없고, 백하지 않다고 이를 수 없으니 그것은 맡은 바를 달리하고, 서로 대치할 수 없다. 견하고 백함은 석에 함께 있으니 어디에서 떨어져 있겠는가?

공손룡: 曰堅未與石爲堅 而物兼 未與物爲兼 而堅必堅—其不堅石 物而堅 天下未有若堅而堅藏

공손룡: 견은 일찍이 석과 더불어 견한 것이 아니어서, 물이 겸하고, 일찍이 더불어 견한 것이 된 것은 아니어서, 견은 반드시 견하다. 그러므로 석물은 견하게 하지 않고도 견하며, 세상에는 일찍이 이와 같은 견함이 없으니, 견은 감추어져 있다.

논쟁자: 白固不能自白 惡能白石物乎 若白者必白 則不白物而白焉 黃黑與之然

논쟁자: 백은 본래부터 백 그 자체 일 수 없으니, 어떻게 돌이나 다른 것들을 하얗게 만들 수 있는가? 백색이 반드시 백색이라면, 그것은 백색인 것이어서 백색이 아니다. 그것은 황색과 흑색도 그러하다.

성중영의 해석: "견은 석과 함께하지 않아도 견하다. 다른 것에 고정되지 않아도 견하다. 견 자체는 견하지 않은 사물들을 견하게 하는 성질을 지닌다. 따라서 돌과 다른 것들 안에서 견하다. 세상에서 독립적인 견을 발견할 수 없다면 견은 감춰진 것이다. 백이 그 자체를 백으로 만들 수 없다면, 어떻게 석과 다른 것들을 백으로 만들 수 있을까? 백이 그 자체로 그 자신을 백으로 만들 성질을 소유한다면, 사물들을 백으로 만들지 않을 때도 백으로 남아 있을 수 있다. 같은 방식으로 황과 흑도 같다."[20]

공손룡: 石其無有 惡取堅白石乎 故離也 離也者 因是

공손룡: 돌이 거기에 없다면 어디에서 견백석을 취할까? 그러므로 그것들은 떨어진다. 떨어지는 것은 이 때문이다.

공손룡: 力與知 果不若因是 且猶白以目見 目以火見 而火不見 則火與目不見而神見 神不見 而見離

공손룡: 힘과 앎으로 하는 것보다, 이것을 따르는 것이 더 낫다. 게다가 백색은 눈으로 보고, 눈은 빛으로 보는데, 빛은 보지 못한다. 빛과 눈으로 보지 못하고 정신으로 본다. 정신이 보지 못한다. 봄은 떨어져 있다.

공손룡: 堅以手 而手以捶 是捶與手知而不知 而神與不知 神乎 是之謂離焉

공손룡: 굳음은 손에 의해 감지된다. 손은 치는 것으로 안다. 치는 것과 손은 알지만 알지 못한다. 정신이 안다. 정신도 알지 못한다. 이것을 떨어졌다고 말한다.

공손룡: 離也者天下 故獨而正

공손룡: 떨어진 것이 세상에서 오직 홀로 올바른 것이다.

총평: 흔히들 견백론은 백마론과 더불어, 또는 백마론 · 지물론과 더불어 공손룡의 대표적 주장으로 간주한다. 나는 여기서 견백론은 백마론과는 달리 공손룡의 대표적 주장이 될 수 없다고 주장한다. 공손룡과 혜시의 차이를 언어지칭론과 실에 대한 인식론으로 구분하려는 것이

20 Chung-ying Cheng, "Kung-sun Lung", p. 345.

나의 입장이므로 견백론을 공손룡의 대표적 주장으로 해석할 수 없는 것이다.

소위 견백론은 하나의 견백석에서 견석과 백석 내지 견과 백의 분리를 주장하는 논의이다. 흔히 말하는 것처럼, 공손룡의 견백론은 다음과 같은 근거를 통해서 주장된다:

첫째, 견석과 백석은 다른 인식기관을 통해 파악된다.

둘째, 견과 백은 구체적 돌에 있지 않는 것들이다.

풍우란은 위의 두 가지 근거에 입각한 견백론의 논증을 각각 인식론적 논증과 형이상학적 논증으로 불렀다.[21] 견백론의 이러한 주장은 앞서 다룬 백마론과 유사한 점이 많다. 특히 두 번째 근거의 것은 공손룡이 백마론에서 '한정된 백'(定所白)과 '한정되지 않은 백'(不定所白)의 개념적 구분을 통해서 표출한 의견이기에 백마론과 거의 유사한 논지를 가지고 있다. 그러나 견백론의 핵심적 근거는 인식의 차이이고, 그것은 고대 중국철학에서 드문 인식론적 반성의 흔적을 보이고 있다. 견백론이 공손룡의 논의가 아닐 수도 있게 만드는 지점이다. 그러나 견백론의 인식론적 논의 수준은 그것이 불교 이후의 것이라고 하기에는 너무 초보적 단계에 머물고 있다. 순자에게서 보다 명백하게 표현된 고대 중국의 인식론은 우리의 인식기관으로 오관(五官)과 심(心)을 들고 있는데, 공손룡은 여기서 심(心)에 대한 이야기는 하지 않고, 단지 오관의 상이한 인식능력에 대해서만 논하고 있다.

---

21 펑유란 지음, 정인재 옮김, 『간명한 중국철학사』, 서울: 형설출판사, 2012, 141~142쪽.

문제는 견백석의 주장에서 분리되는 것이 무엇이냐는 것이다. 첫째, 인식론적 근거에 따르면 견백석에서 분리가 되는 것은 견석과 백석이고, 둘째, 형이상학적 근거에 따르면 분리가 되는 것은 견과 백이다. 첫째 근거에 입각한 주장은 공손룡이 백마론에서 강조한 부정소백(不定所白)으로서의 백과 정소백(定所白)으로서의 백마가 차이를 가지지 않게 된다는 점에서 약점이 있고, 둘째 근거에 입각한 주장은 견백석이 셋이 아니라 둘이라는 공손룡의 주장과 잘 부합되지 않는 난점이 있다. 다시 말해 첫째 근거에 입각한 주장에서는, 하나의 견백석에서 봄과 만짐의 인식을 통해서는 백석과 견석이 따로 파악된다는 것밖에 말할 수 없으므로, 백과 석의 분리나 견과 석의 분리 같은 주장을 하기가 힘들다는 것이다. 두 번째 주장에 입각해서는 견・백・석 세 개가 그 개념이나 명칭에서 차이를 가지므로 얼마든지 분리해낼 수 있다는 공손룡의 입장을 잘 보여주지만, 왜 공손룡이 하나의 견백석을 셋으로 보는 것은 불가능하다고 했는지 이해하기 어렵다는 것이다. 이처럼 견백론은 개념상 혹은 존재론상의 차이(둘째 근거)와 인식 방식의 차이(첫째 근거)에 입각한 구분을 다 말하고 있지만, 둘 다의 근거가 가지고 있는 어려움 때문에 공손룡의 사상을 온전히 제시하는 것으로 보기 힘들다. 그럼에도 견백론을 백마론과 구분지어, 첫째 근거에 주목해서 공손룡의 입장과 조화시키려는 노력이 필요하다. 다시 말해 개념 혹은 명칭의 구분이 아니라, 인식적 차이에 입각해서 존재론적 차이를 말하는 것으로 견백론을 해석해보려는 노력이 필요하다는 것이다. 일단은 견백론을 백마론・지물론과 마찬가지로 화용론적 지칭 과정에 대한 논의, 즉 명학의 맥락에서 이해하지 말고, 사실 인식의 측면에 주목할 필요가 있다. 이런 관점에서, 공손룡의 백마론이 "백마"와 "마"가 표현이 다른 이름인 만큼 그것들이 가리키는 대상이 다른 것으로 보아야 하는 것이라면, 공손룡의 견백론은 견석과 백석이 다른 인식기관을 통해 파악되므로 그것을 분리해야 한다고 보는 것이다.

그런데 이런 입장들이 갖는 문제점은 기존의 존재론적 해석에서 비교적 상식적 입장[22]을 취하는 것으로 알려진, 즉 보편자의 존재를 부정한 것으로 그려진 공손룡의 상대자나 그 상대자로 지목되어온 후기묵가가 사실상 공손룡과 존재론적으로 충돌된다기보다 서로 공존할 수 있는 것으로 제시된다는 점이다. 예컨대, 다음과 같은 후기묵가의 언급이 그러하다:

> (경하) 하나에서 아는 것이 있고, 알지 못하는 것이 있으니 그 이유는 石에 있음에 있다.
>
> (경설하) 石은 하나이고 견과 백은 둘이되 석에 있다. 그러므로 여기에서 아는 것이 있으며, 여기에서 알지 못하는 것이 있다는 것이 가능하다.[23]

위의 구절에서 후기묵가는 견(堅)과 백(白)이 석(石)에서 하나가 됨을 인정하면서도, 즉 존재론적으로 떨어질 수 없음을 인정하면서도, 그것들이 인식론적으로 다름을, 즉 각각 상이한 감관에 의해 파악됨을 말하고 있다. 즉 존재론적 분리불가능성과 인식론적 분리가능성은 얼마든지

22 후기묵가가 공손룡의 입장에 반대하는 것은 『묵경』의 다음의 경우들에서 보인다. "견과 백은 서로 배척하지 않는다" 「經下」. "둘을 얻되 견백은 있는 곳이 달라 서로 채우지 않고 서로 배척하니 이것이 相外이다" 「경설하」("堅白 不相外也" 「경하」. "得二 堅異處不相盈 相非 是相外也" 「경설하」); "한쪽을 제거해서 둘로 할 수 없다. 그 이유는 봄과 함께 함, 하나와 둘, 너비와 길이의 관계에 있다" 「경하」. "보여진 것과 볼 수 없는 것으로 떨어지고, 하나와 둘이 서로 채우지 않는다. 廣脩(너비와 길이)는 堅白이다" 「경설하」("不可偏去而二 說在見與俱 一與二 廣與脩" 「경하」. "見不見離 一二不相盈 廣脩堅白" 「경설하」).

23 "於一有知焉 有不知焉 說在存" 「경하」. "於石一也 堅白二也 而在石 故有智焉 有不智焉可" 「경설하」.

공존할 수 있음을 말해주고 있다. 후기묵가의 이러한 언급은, 후기묵가와 공손룡 간의 입장 차이가 그리 분명한 것이 아님을 드러낸다. 이것은 명학의 입장에서 공손룡은, 다른 이름은 다른 사실을 지칭함을 주장한다고 보고, 후기묵가의 입장은 다른 이름이 때로는 같은 사실을 지칭한다는 것이라고 하여, 서로 대비시키는 방식이 더 이상 통용되기 힘듦을 의미한다.

인식론적 논증으로 공손룡의 입장을 이해하면서도, 더 극단적으로 공손룡을 해석하는 손영식의 입장을 파악하는 것도 견백론의 특성을 이해하는 데 도움이 될 것 같다. 공손룡의 견백론(堅白論)이 버클리 류의 관념론을 의미한다는 손영식의 주장을 논증형식으로 정리하면 다음과 같다:

1) 공손룡은 하나의 견백석에서 '딱딱함'(堅)과 '흼'(白)이 분리된다고 한다.

2) '딱딱함'과 '흼'이 분리된다는 것은 '딱딱한 것', '흰 것'에서 '것'을 부정했다는 말이다.

3) 따라서 공손룡은 우리에게 인식 혹은 감각되는 속성의 존재만을 인정하고 그렇지 않은 실체나 본체의 존재를 부정한다.[24]

그러나 공손룡의 리견백(離堅白)에 대한 나의 주장은 다음과 같다:

1) 공손룡은 '딱딱한 것'은 촉각을 통해 파악되고, '흰 것'은 시각을 통해 파악된다고 하였다.

2) 공손룡의 리견백은 '딱딱한 것'과 '흰 것'이 인식론적으로 분리(즉

24 손영식, 『혜시와 공손룡의 명가 철학』, 울산: 울산대학교 출판부, 2005, 78~80쪽 참조.

구분)된다는 것이다.

나와 손영식 해석의 차이 중의 하나는 나는 '딱딱함'이라는 말보다는 '딱딱한 것', '흼'보다는 '흰 것'이라는 표현을 번역어로 사용한다는 것에 있다. 내가 굳이 이렇게 표현한 이유는 '딱딱함'과 '딱딱한 것' 혹은 '흼'과 '흰 것'이 견(堅)이나 백(白)이라는 고전중국어에 대한 번역어로 같이 쓰일 수 있고, 따라서 고대의 중국 사람들에게서는 속성과 실체의 구분이 그다지 분명하지 않았다는 것을 보여주려는 의도와, 또한 이를 통해 실체의 의미로서는 아니지만, 공손룡에게서 '것'이 부정되지 않았음을 보여주려는 의도에서이다. 나의 번역은 하나의 견백석(堅白石)을 견(堅), 백(白), 석(石)의 셋이라고 할 수 없고, 견(堅)과 석(石) 혹은 백(白)과 석(石)의 둘로 보아야 한다는 공손룡의 언급에 의해서도 옹호된다. 손영식과 내 해석의 또 다른 차이는 딱딱함과 흼의 분리를 나는 인식적 내지 개념적(형이상학적)으로만 인정하는데, 손영식은 처음부터 그것을 존재론적으로 받아들인다는 점이다. 공손룡이 리견백의 근거로 든 것은 주로 속성들에 대한 감각인식의 상이성이었는데, 어디서 이런 속성들만의 존재론이 결론으로 나올 수 있는지 궁금하다. 또한 손영식처럼 속성과 실체의 구분이 너무나 상식적인 것이어서 고대 중국인들에게서도 얼마든지 있을 수 있다고 생각해도, 아니 백보 양보해서 실제로 있었다고 해도('있을 수 있다'는 것과 '있었다'는 것은 다른 것이다), 우리는 인식론적 관점을 취함으로써 '것'이 존재한다는 것을 인정하고서도 얼마든지 '딱딱함'과 '흼'이 구분된다는 공손룡의 주장을 무리 없이 해석해낼 수 있으므로, 손영식의 존재론적 해석은 해석의 경제성에 비추어봐도 적절하지 않은 것 같다. 이런 인식론적 해석에 따른 공손룡의 주장은 굉장히 상식적인 주장인 것 같지만, 사실 이것은 하나의 희고 딱딱한 돌(견백석)을 당연히 하나로만 인식하는 일상적 관점과는 다른 (인식론적) 관점이 존재함을 보여주는 의미 있는 주장이다.

2) 「통변론」

풍우란은 기본적으로 이 이야기를 공상과 개체의 관계를 말하는 것으로 해석한다. 혹은 보편 개념과 그 개념이 예화된 것의 차이를 얘기하는 것으로 해석한다. 전자가 일(一)이라면 후자는 이(二)이다. 부분과 전체에 대한 관심이라고 해도 좋다. 이와 일은 다르지만, 또한 이와 일은 연결되어 있음을 말하고 있다. 좌와 우도 마찬가지다. 일과 이는 다르고, 우와 좌는 다르지만, 일과 일을 더한다든지, 혹은 우와 좌를 더하는 경우에 우리는 이가 된다고 할 수 있다. 먼저 공손룡의 논쟁자가 이(二)에 좌도 없고, 우도 없는데, 좌와 우는 이(二)라고 하는 이유가 무엇이냐는 질문을 하고 있다.

논쟁자: 曰二有一乎
논쟁자: 이에 일이 있는가?

공손룡: 二無一
공손룡: 이에 일은 없다.

논쟁자: 曰二有右乎
논쟁자: 이에 우가 있는가?

공손룡: 曰二無右
공손룡: 이에 우가 없다.

논쟁자: 曰二有左乎

논쟁자: 이에 좌가 있는가?

공손룡: 曰二無左

공손룡: 이에 좌가 없다.

논쟁자: 曰右可謂二乎

논쟁자: 우는 이라 할 수 있는가?

공손룡: 曰不可

공손룡: 불가하다.

논쟁자: 曰左可謂二乎

논쟁자: 좌는 이라 할 수 있는가?

공손룡: 曰不可

공손룡: 불가하다.

논쟁자: 曰左與右可謂二乎

논쟁자: 좌와 우는 이라 할 수 있는가?

공손룡: 曰可

공손룡: 가능하다.

논쟁자: 曰謂變非不變 可乎

논쟁자: 변을 불변이라고 하는 것이 가능한가?

공손룡: 曰可

공손룡: 가능하다.

논쟁자: 曰右有與 可謂變乎

논쟁자: 우가 어떤 것과 합쳐졌다면 변이라고 할 수 있는가?

공손룡: 曰可

공손룡: 가능하다.

논쟁자: 曰變隻

논쟁자: 무엇으로 변했는가?

공손룡: 曰右

공손룡: 우이다.

논쟁자: 曰右苟變 安可謂右 苟不變 安可謂變

논쟁자: 우가 변했다면 어찌 우라 할 수 있는가? 그리고 변하지 않았다면 어찌 변이라고 할 수 있는가?

공손룡: 曰二苟無左又無右 二者左與右奈何 羊合牛非馬 牛合羊非雞

공손룡: 우가 정말로 좌도 없고, 우도 없는데, 우가 좌와 우가 합해서 되는 것은 어째서인가? 양과 우는 합해도 마가 되지 않는다. 우와 양은 합해도 계가 되지 않는다.

논쟁자: 曰何哉

논쟁자: 왜 그런가?

공손룡: 曰羊與牛唯異 羊有齒 牛無齒 而羊牛之非羊也 之非牛也[25] 未可是不俱有 而或類焉

공손룡: 양과 우는 오직 다르다. 양은 치가 있지만, 우는 없다. 우가 양이 아니고, 양이 소가 아닌 것은 아직 가능하지 않다. 둘 다 치가 있는 것은 아니지만 유사한 데는 있다.

나의 생각: 양과 우를 다르다고 하려면 어떤 속성에 의지해야 하는가? 아마도 본질적 속성을 찾아야 할 것이다. 치의 유무는 아직 그런 정도는 아니다. 마치 백마와 황마의 경우가 그러할 것이다. 둘은 흰색을 둘 다 가지고 있는 것은 아니지만 유사성이 있고, 따라서 둘 다 마가 아니라고 할 수 없는 것이다.

공손룡: 羊有角 牛有角 牛之而羊也 羊之而牛也 未可 是俱有 而類之不同也

공손룡: 양에 각이 있고, 우에 각이 있어도 우가 양이고, 양이 우인 것은 아직 가능하지 않다. 둘 다 있지만 유는 다른 것이다.

나의 생각: 이른바 우연적 속성을 공유한다고 해도 같은 것은 아니다. 양과 우는 둘 다 뿔을 가지고 있지만 그렇다고 그들이 같다고 할 수는 없다.

공손룡: 羊牛有角 馬無角 馬有尾 羊牛無尾 故曰羊合牛非馬也 非馬者無馬也 無馬者 羊不二 牛不二 而羊牛二 是而羊 而牛 非馬 可也

공손룡: 양과 우는 각이 있으나, 마는 각이 없다. 마는 갈기가 있으나 양과

---

25 손이양의 교정에 따라 "而牛之非羊也, 羊之非牛也"로 고침.

우는 갈기가 없다. 그러므로 양과 우는 합해도 마가 아니다라고 말했다. 마가 아니라는 것은 마가 없다는 것이다. 마가 없는 것은 양은 이가 아니고, 우는 이가 아니지만 양과 우는 이다. 그러므로 양과 우는 마가 아님이 가능하다.

나의 생각: 적어도 둘이 다르다고 하려면, 한 성질이 하나에게는 있고, 다른 하나에게는 없으며, 또 다른 성질이 하나에게는 없고, 다른 하나에게는 있어야 하지 않을까? 이 점에서 위에서 양우는 각이 있지만, 마는 없고, 마는 갈기가 있지만 양우는 갈기가 없는 경우에, 양우는 마가 아니라고 한 것이다. 이것은 앞서도 인용했지만, 다음과 같은 후기묵가의 주장과 연관성이 있다:

비록 소가 말과 다르지만 소가 앞니를 가지고 있고, 말이 꼬리를 가지고 있는 것으로 소와 말이 다르다는 증거로 삼으면 안 된다. 이것들은 모두 가지고 있는 것들이어서, 하나는 가지고 다른 것은 가지지 않는 것이 아니다. '소와 말이 동류가 아니다'라고 말하고, 소가 뿔을 가지고 있고, 말은 갖지 못한 것에 근거를 대면, 여기서 두 종류의 것은 유사하지 않다. 그러나 소가 뿔을 가지고 있고, 말은 갖지 않은 것을 거론할 때, 이것을 종류가 다른 것으로 여기는 것은 소가 앞니를 가지고 있고 말이 꼬리를 가지고 있는 경우와 같이 광거이다.[26]

공손룡: 若擧而以是 猶類之不同 若左右猶是擧

공손룡: 만약 예시하는데, 이것으로 하는 것은 유가 다른 경우이다. 이는 왼쪽과 오른쪽을 든 경우도 마찬가지다.

---

26 "狂擧不可以知異, 說在有" 「경하」. "牛狂與馬惟異 以牛有齒 馬有尾 說牛之非馬也 不可是俱有 不偏有偏無有 曰之與馬不類 用牛角 馬無角 是類不同也 若擧牛有角 馬無角 以是為類之不同也 是狂擧也 猶牛有齒 馬有尾" 「경설하」.

나의 생각: 결국 유가 다르다는 것은 이와 우·좌 혹은 이와 일의 관계와 같이 완전히 그 존재론적 격위가 다른 것을 말하는 것인가?

공손룡: 牛羊有毛 雞有羽 謂雞足 一 數雞足 二 二而一 故三 謂牛羊足 一 數足 四 四而一 故五 牛 羊足五 雞足三 故曰牛合羊非雞 非有以非雞也 與馬以雞 寧馬 材 不材 其無以類審矣 擧是亂名 是謂狂擧

공손룡: 우양은 모가 있고, 계는 우가 있다. 계족을 일컫는 것이 일이고, 계족의 수는 이다. 이와 일이므로 삼이 된다. 우양의 족을 일컫는 것이 일이고, 족수가 사다. 사와 일이므로 오가 된다. 그러므로 우양의 족은 다섯이고, 계족은 삼이다. 그러므로 이르기를 우와 양을 합해도 계가 아니라고 했는데, 그것은 어떤 다른 이유가 있어서 계가 아니라는 것이 아니다. 마와 계의 예시 가운데, 차라리 마가 낫다. 어떤 성질을 가지고 가지지 않는 것은 같은 유가 될 수 없음이 분명하다. 이것을 드는 것은 이름의 혼란이고, 이것을 광거라고 한다.

나의 생각: 공손룡이 이 긴 절을 통해서 하고 싶었던 것은 앞서 말한 "양과 우는 합해도 마가 되지 않는다. 우와 양은 합해도 계가 되지 않는다"를 증명하는 것이었고, 그것은 또한 유가 다름에도 비교하는 광거의 문제를 해결하고자 하는 것이었다. 그런데 유가 다름의 예를 왜 우나 양 각각이 마가 아니라거나 우나 양 각각이 계가 아니다라는 식으로 접근하지 않고, 우와 양의 합을 가지고 그것이 마가 아니라거나 계가 아니라는 식으로 접근했는지는 이해가 안 된다.

논쟁자: 曰他辯

논쟁자: 다른 변을 말해보라.

공손룡: 曰靑以白非黃 白以靑非碧

공손룡: 청색과 백색은 황색이 아니다. 흰색과 청색은 벽색이 아니다.

논쟁자: 曰何哉

논쟁자: 어째서인가?

공손룡: 曰靑白不相與而相與 反而對也 不相鄰而相鄰 不害其方也 不害其方者 反而對 各當其所 左右不驪

공손룡: 왜냐하면 청색과 백색은 서로 합할 수 없고, 합한다면 서로 상반될 것이다. 그것들은 서로 인접하지 못할 것이다. 서로 인접하게 되어도 그 자리를 해롭게 하지는 않을 것이다. 그 자리를 해롭게 하지 않는 것은 서로 상반되지만 각기 그 자리에 해당된다. 이는 왼쪽과 오른쪽이 섞이지 않음과 같다.

공손룡: 故一於靑不可 一於白不可 惡乎其有黃矣哉 黃其正矣 是正擧也 其有君臣之於國焉 故强壽矣

공손룡: 그러므로 청색과 합하는 것은 불가하고, 백색과 합하는 것도 불가하다. 황색은 어디에 있을 수 있는가? 황색은 기준이 된다. 이것은 국가(황색) 안에서 군(백색)과 신(청색)의 관계인 것 같다. 그러므로 오래 강건하다.

공손룡: 而且靑驪乎白 而白不勝也 白足之勝矣 而不勝 是木賊金也 木賊金者碧 碧則非正擧矣

공손룡: 게다가 청색이 백색과 섞일 때, 백색은 (청색을) 이기지 못한다. 그렇게 해야 하지만, 그렇지 못하다. 나무(청색)가 쇠(백색)를 해치는 것을 의미한다. 이것은 벽색과 같은데, 벽색은 기준이 되는 색이 아니다.

공손룡: 靑白不相與而相與 不相勝 則兩明也 爭而明 其色碧也

공손룡: 청색과 백색은 합할 수 없다. 합하면 하나는 다른 것을 이기지 못하니 둘 다 밝아진다. 둘이 싸워서 밝다면 그것은 벽색과 같다.

공손룡: 與其碧 寧黃 黃 其馬也 其與類乎 碧其雞也 其與暴乎

공손룡: 벽색보다는 황색이 더 낫다. 황색은 말의 색 같다. 황색은 청색·백색과 유사성이 있다. 반면에 벽색은 닭의 색 같다. 그것은 청색·백색과 충돌된다.

공손룡: 暴則君臣爭而兩明也 兩明者 昏不明 非正舉也

공손룡: 군과 신이 충돌되면, 둘은 싸워서 밝아진다. 밝아지면 결과는 어둡다. 어두운 것은 바른 예가 아니다.

공손룡: 非正舉者 名實無當 驪色章焉 故曰兩明也 兩明而道喪 其無有以正焉

공손룡: 바른 예가 아니라는 것은 명과 실이 부합하지 않는 것이다. 섞인 색은 밝게 빛난다. 그러므로 말하기를 밝아서 둘이 밝아졌다고 한다. 둘이 밝아지면 도를 잃게 된다. 바르게 할 수가 없다.

(경) "사물은 일체이니 그 이유는 俱一과 唯是에 있다."

(설) "구. 구일은 우마가 네발인 것과 같다. 유시는 우마에 합당하다. 소를 세고 말을 세면 우마는 둘이지만 우마를 세면 우마는 하나이다. 손가락을 세면 손가락은 다섯이되 다섯 개의 한 손가락이다"[27]

3) 「명실론」

27 "物一體也 說在俱一 惟是" 「경하」. "俱 俱一 若牛馬四足 惟是 當牛馬 數牛 數馬 則牛馬二 數牛馬 則牛馬一 若數指 指五而五一" 「경설하」.

「지물론」과 「명실론」이 다른 편들과 다른 것은 대화로 구성되어 있지 않고, 일종의 정리된 입장을 제시하고 있는 점이다. 여기서 이해하기 힘든 부분이 바로 물(物), 실(實), 위(位), 정(正)의 의미이다. 특히 물과 실의 관계가 애매하다. 지물론에서 물은 구체적 사물을 뜻하였는데, 여기서의 물(物)은 일단 모든 것을 가리키는 것 같고, 실(實)은 그 물의 어떠한 상태를 말하는 것 같다. 실과 위의 관계에 대해서, 메이(Y. P. Mei)는 물(物)이 그 역할을 넘지 않는 것을 실(實)이라고 하고, 실(實)이 그 역할을 하고 부족하지 않는 것을 위(位)라고 하였다.[28] 다분히 윤리적 · 정치적 의미로 실(實)과 위(位)를 정의한 것이라고 할 수 있다. 설득력 있는 해석이라고 생각한다.

> 天地與其所產焉, 物也.
>
> 하늘, 땅, 그리고 그 소산물이 모두 사물(物)이다.

> 物以物其所物而不過焉, 實也.
>
> 물: 사물로 그 사물이 있는 곳을 채우고, 그것들을 넘어서지 않는 것이 알맹이(實)이다.

나의 생각: 사물들이 그 맡은 바 역할을 받아들이면서 그것을 넘지 않을 때, 알맹이(實)가 있게 된다.

---

28 "If things assume the role of things without exceeding it, there is reality. If reality fulfills all the expectations of reality without lacking any, there is order." Y. P. Mei, "The Kung−sun Lung Tzu With a Translation Into English", *Harvard Journal of Asiatic Studies*, Vol. 16, No. 3/4, 1953, p. 434.

實以實其所實而不曠焉, 位也.

실: 실로 그 채워진 곳을 채우고, 텅 비지 않는 것이 위(位)이다.

나의 생각: 알맹이가 차 있어서 비어 있지 않는 것을 위치해 있다(位)고 한다. 그레이엄은 『묵경』의 한 구절을 해석하면서, 위를 '분류상의 위격(level)'으로 해석하는데, 예컨대 '계삼족'(鷄三足)에서 '하나로서의 닭의 발' '두 개의 닭발'을 같이 계산하여 셋으로 삼는 것이 '분류상의 위격(位)'을 무시한 것으로 보고 있다.[29] 여기서의 위의 개념과 연관 지어볼 수도 있을 것 같다.

出其所位, 非位. 位其所位, 正也.

그 위치 지워진 바를 넘어서는 것이 '제 위치가 아닌 것'이라고 한다. 그 위치 지워진 바에 위치하는 것이 안정(正)이다.

以其所正, 正其所不正, 疑其所正.

그 안정된 것으로 그 안정되지 않은 것을 바로잡는다. (바르지 않는 것으로 바르게 된 것을 바로잡는 것은) 바르게 된 것을 의심하는 것이다.

其正者, 正其所實也. 正其所實者, 正其名也.

안정이라는 것은 그 알맹이가 있는 것을 안정시키는 것이다. 그 알맹이가 있는 곳을 안정시키는 것이 그 명분을 안정시키는 것(正名)이다.

其名正, 則唯乎其彼此焉.

그 명이 바르게 되면 이것과 저것이 한정된다.

---

29 Graham, *Later Mohist Logic*, pp. 431~432, B59 해석 참조.

謂彼而彼不唯乎彼, 則彼謂不行; 謂此而此不唯乎此, 則此謂不行.

저것의 지칭이 저것에 한정되지 않으면 저것의 지칭은 행해지지 않는다. 이것의 지칭이 이것에 한정되지 않는다면 이것의 지칭은 행해지지 않는다.

其以當, 不當也; 不當而當, 亂也.

그것은 마땅한 것이 마땅하지 않은 것이 되었기 때문이다. 마땅하지 않는데, 마땅하다는 것이 어지러움이다.

故彼彼當乎彼, 則唯乎彼, 其謂行彼; 此此當乎此, 則唯乎此, 其謂行此.

저것을 저것이라고 여기는 것이 저것에 해당되면 저것에 한정되어져서 저것이라고 부르게 된다. 이것을 이것이라고 여기는 것이 이것에 해당되면 이것에 한정되어져서 이것이라고 부르게 된다.

其以當而當, 以當而當, 正也.

마땅하기에 마땅하게 되었기 때문이다. 마땅해서 마땅하다는 것이 바른 것이다.

故彼彼止於彼, 此此止於此, 可; 彼此而彼且此, 此彼而此且彼, 不可.

따라서 저것은 저것에 그치고, 이것은 이것에 그치는 것이 가능하다. 이것을 저것으로 여겨서 저것 또한 이것이고, 저것을 이것으로 여겨서 이것 또한 저것인 것은 불가하다.

夫名, 實謂也. 知此之非此也, 知此之不在此也, 則不謂也. 知彼之非彼也, 彼之不在彼也, 則不謂也.

무릇 명은 알맹이(實)를 가리키는 것이다. 이것이 이것이 아님을 알고, 이것이 여기에 있지 않음을 알면 우리는 이것이라고 하지 않는다. 저것이 저것이 아님을 알고, 저것이 저기에 있지 않음을 알면 저것이라고 하지 않는다.

至矣哉! 古之明王. 審其名實, 甚其所謂. 至矣哉! 古之明王.

완벽하도다. 옛날의 현명한 왕이여. 그들은 명실을 살펴서 그것이 가리키는 것에 유의하였다. 지극하도다. 옛날의 현명한 왕이여.

「명실론」의 위 구절과 『묵경』의 다음 구절은 겹쳐져 있다[30]:

이것을 이것으로 여기는 것과 이것을 저것으로 여기는 것은 같다. 그 이유는 다름에 있다.

명을 바르게 하는 것은 저것과 이것이다. 저것과 이것이 가능한 것이다. 저것을 저것이라고 해서 저것에 그친다. 이것을 이것이라고 해서 이것에 그친다. 이것을 저것이라고 하는 것은 불가하다. 저것이 이것이고, 이것 또한 저것이다. 이것과 저것은 또한 정해지지 않았다. 이것을 저것으로 여기는 것이 이것을 저것으로 여기는 것에 그쳐서 이와 같이 해서 이것을 저것으로 여기게 되면, 저것도 이것이고, 이것도 저것이다.[31]

『묵경』과 『공손룡자』의 많은 부분이 겹치는 이유는 무엇인가? 우선은 후기묵가가 공손룡을 비판하기 위해서 공손룡의 입장을 제시한 부분들이라고 말할 수 있다. 그러나 이는 「견백론」의 겹치는 부분에서는 어느 정도 가능한 해석이지만, 「명실론」과 「통변론」의 공통부분에 대해서는

30 물론 이와 같은 『공손룡자』와 『묵경』 간의 대응적 유사성에 대해서는 그레이엄이 상세하게 제시하였다. cf. Graham, *Studies in Chinese Philosophy & Philosophical Literature*, Singapore: The Institute of East Asian Philosophies, 1986, p. 137.

31 "循此循此與彼此同 說在異" 「경하」. "彼 正名者彼此 彼此可 彼彼止於彼 此此止於此 彼此不可 彼且此也 彼此亦可 彼此止於彼此 若是而彼此也 則彼亦且此此也" 「경설하」.

설득력이 없다. 다시 말해 이들 부분에서는 공히 일관된 기준과 적절한 분류의 중요성에 대해서 말하고 있는데, 이는 후기묵가에서 흔히 발견되는 명학적 입장이다. 공손룡이 이를 주장한다는 것은 무엇을 의미하는가? 그레이엄의 주장처럼 『공손룡자』가 『묵경』으로부터 구성된 후대의 저술일 가능성을 보여주든지, 아니면 공손룡과 후기묵가의 입장 차이가 그리 크지 않음을 지적할 수 있을 것이다. 나는 이 책에서 전자보다는 후자의 입장을 택하였는데, 그것은 나의 관심사항이 문헌학적인 것보다는 철학적인 것이기 때문이다. 흥미롭게도 이런 후기묵가와 공손룡의 공통 입장은 내가 앞서 지적했듯이 혜시에게도 적용될 수 있기에, 나는 이것이 변자들의 공통된 명학적 입장이라고 주장하고자 한다.

4. 공손룡조의 궤변들

이제까지 살펴본 공손룡 주장의 특색은 개념과 구체적 사물 간의 구분 및 결합 혹은 차이와 연대였다. 공손룡은 이것을 단명과 복명의 존재를 가지고 보여주었다. 공손룡을 단순히 분리의 철학으로만 묘사하기에는 충분치 않음을 보여주는 것이라고 하겠다. 그래도 상식적 견해를 가진 사람들에게는 개념과 사물 간의 구분이 커다란 반향을 일으켰고, 그런 점에서 공손룡 사상의 특색을 일반적으로 분리의 철학으로 규정해온 이유도 충분히 이해할 수 있다. 이제 이러한 공손룡 사상의 특색에 비추어, 풍우란이 공손룡조의 궤변들로 분류한 궤변들을 간단히 살펴보자.

* 狗非犬(강아지는 개가 아니다):

마치 백마는 마가 아니다라는 공손룡의 대표적 주장과 마찬가지로 이해할 수 있다. 즉 모든 개(犬)가 강아지(狗)는 아니기 때문에 강아지는 개이면서도 개가 아니다라고 말할 수 있다. 구(狗)와 견(犬)은 각각 그 표현을 가능케 하는 규준들이 있고, 이런 규준의 상이성 때문에 이들 개념은 다를 수밖에 없다.

* 孤駒未嘗有母(고아 망아지에는 어미가 있었던 적이 없다):

어미가 있었다는 그 순간에 이미 고아 망아지가 아닌 것이 된다.

* 鷄三足(닭에는 세 개의 다리가 있다):

닭의 실제 두 다리에 닭의 다리라는 개념을 합쳐 닭에는 세 개의 다리가 있다. 이러한 해석은 『공손룡자』 「통변론」과 『묵경』에 나오는 구절로 가능하다. 그곳에서는 우양족오(牛羊足五), 계족삼(雞足三)의 표현이 나오는데, 소와 양의 다리는 원래 각각 네 개인데, 소양의 다리의 개념을 하나로 했을 때, 소와 양의 다리는 합해서 다섯 개라고 할 수 있고, 닭다리의 경우는 원래 두 개인데, 거기다 닭다리의 개념을 가리켜서 하나라고 한 것을 더하면 세 개가 된다는 것이다.

* 黃馬驪牛三(누런 말과 검은 소는 셋이다):

황마려우가 셋이라는 것은 '누런 말'(黃馬), '검은 소'(驪牛), 그리고 '누런 말-검은 소'(黃馬驪牛)의 셋이라는 것이다.

* 火不熱(불은 뜨겁지 않다):

火不熱의 경우, 풍우란은 실제 불과는 달리, 불의 개념은 뜨겁지 않기에 이런 주장을 한다고 한다. 전통적 해석은 이와는 좀 다르다. 허신은 이것을 공손룡의 궤변으로 간주하지만 '석탄은 뜨겁지 않다'(炭不熱)로 해석하고,[32] 육덕명은 뜨거움은 불의 속성이 아니라 나의 지각이기에, 어떤 생물에게 불은 뜨겁지 않을 수 있으므로 불은 뜨겁지 않다라고 해석하였다.[33] 육덕명의 해석은 불교의 영향을 받은 것 같다. 그러나 사실 이 명제가 말하는 것은 화(火)가 가지고 있는 의미의 다의성에서 기인하는 것 같다. 화(火)는 꼭 열이 아니라, 빛의 의미도 지니고 있다. 따라서 화(火)를 늘 열로 생각하는 사람들에게, 그것에는 빛의 측면도 있음을 지적하는 것이 아닐까?[34]

* 目不見(눈은 보지 못한다):

『공손룡자』「견백론」에서 눈은 봄에 필요조건이지만, 충분조건은 아니라고 한다. 눈은 빛이 있어야 볼 수 있지, 눈만 있어서 볼 수 있는 것은 아니다. 아니 사실은 빛만 필요한 게 아니라 오관의 잡다한 감각을 통일해 줄 지성(知) 혹은 정신(神)도 필요하다.[35]

---

32 "공손룡은 '백마는 마가 아니다', '얼음은 차갑지 않다', '숯은 뜨겁지 않다'를 논했다(公孫龍以白馬非馬 '冰不寒' 炭不熱爲論" 『淮南子』詮言訓의 허신의 注 참조).

33 "쇠나 나무로 맞은 사람이 아픔을 느끼는 것과 같다. 아픔은 사람에게서 나오지, 쇠나 나무가 아픈 것은 아니다. 불에서 사는 말이나, 불에서 생긴 곤충에게 불은 뜨겁지 않다"(猶金木加於人有楚痛, 楚痛發於人, 而金木非楚痛也. 如處火之馬, 生火之蟲, 則火不熱也).

34 『묵경』의 다음 구절 참조. "불은 뜨겁지 않다. 그 이유는 보는 데에 있다"(必熱 說在頓) 「경하」. "눈으로 (불을) 보는 것은 불로 (불을) 본다는 것과 같다. 불의 빛을 가리키는 것이지, 그 불의 열로 하는 것은 아니다"(以目見 若以火見火, 謂火熱也, 非以火之熱) 「경설하」.

35 『묵경』의 다음 구절 참조. "知而不以五路 說在久"(아는데 오관으로만 하지 않는다. 이유는 지속함에 있다) 「경하」. "知而不以五路 說在久." "눈으로 보고, 눈은 불로 보지만, 불은 보지 못한다. 오직 오관에 의해 안다면, 오래 지속함은 해당되지 않는다"(智以目見 而目以火見 而火不見 惟以五路智 久不當)「경설하」.

* 一尺之捶, 日取其半, 萬世不竭(한 자의 회초리를 매일 그 반을 취해도, 영원히 없어지지 않는다):

한 자의 회초리를 반으로 자른다면, 반으로 생각한 부분이 다시 새로운 회초리의 끝이 되어서 다시 반을 정해야 하므로, 무한히 잘라질 것이다. 『묵경』의 다음 구절도 이것과 같은 내용이다:

> 반이 아니면 자르지 않는다면 움직일 수 없다. 그 이유는 끝에 있다.
>
> 반이 아닌 것을 자르는 것은 나아가 앞에서 취하는 것이다. 앞으로 나아가면 가운데가 반이 되지 않고 마치 끝인 것 같다. 앞 끝과 뒤 끝의 가운데가 반이다. 자르면 반드시 반이 되는데, 나머지가 항상 다른 반이 되기에, 자를 수 없다.[36]

* 矩不方 規不可以爲圓(곱자는 네모를 만들지 못하고, 그림쇠로는 원을 만들지 못한다):

두 가지 해석이 가능할 것 같은데, 먼저 실제의 구와 규는 완벽하게 네모나거나 원이 아니다라는 의미일 수도 있고, (사용하는 사람이 없이) 구와 규만 가지고는 실제의 네모나 원을 만들지 못한다라고 볼 수도 있다. 전자는 개념과 실제사물의 차이를 강조하는 해석이고, 후자는 '목불견'(目不見)이나 '화불열'(火不熱)에서와 같이 어떤 것의 필요충분조건을 구하는 가운데 나온 주장으로 작용인의 필요성을 강조하는 해석이다.

36 "非半弗新 則不動, 說在端" 「경하」. "非新半 進前取也 前 則中無爲半 猶端也 前後取則端中也 新必半 毋與非半 不可新 也" 「경설하」. Cf. Graham, *Later Mohist Logic*, pp. 432~433.

* 飛鳥之景未嘗動也(나는 새의 그림자는 움직인 적이 없다):

사마표는 다음과 같이 말하였다. "새가 빛을 가리는 것은 물고기가 물을 차단하는 것 같다. 물고기가 움직여 물을 차단하지만 물은 움직이지 않는다. 새가 움직이면 그림자가 생기고, 그림자가 생기면 빛이 없어지는데, 없어짐이 가버린 것이 아니고, 생김이 새로 오는 것이 아니다. 묵자가 말하기를 '그림자는 움직이지 않는다'라고 하였다"[37]라고 하였다. 여기서 묵자의 말은 바로 『묵경』의 다음 구절을 가리킨다.

> (경하) 그림자는 움직이지 않으니 그 이유는 바꾸는 데 있다.
>
> (경설하) 빛이 이르면 그림자는 없어지니 (형체는 움직여도) 그림자는 멈춘 듯이 옮겨가지 않는 듯하다.[38]

『묵경』의 이 구절의 뜻은 그리자는 빛이 물체에 가리어 생기는 것으로, 스스로 움직이지 않는다는 것 같다.

* 輸不碾地(수레바퀴는 땅 위를 밟지 않는다):

수레바퀴가 땅에 닿아 있으면, 굴러 움직여 갈 수가 없다.

* 鑿不圍枘(끌은 자루를 둘러싸지 않는다):

그 사이 공간이 있다.

---

37 "鳥之蔽光猶漁之蔽水 魚動蔽水而水不動 鳥動影生 影生光亡 亡非往 生非來 墨子曰 影不徙也" 사마표, 『경전석문』.

38 "景不徙 說在改爲"「경하」. "景 光至景亡 若在, 盡古息"「경설하」. 물론 『묵경』의 이 구절을 명가의 주장과 다른 것으로 읽기도 한다. 묵가는 그림자가 움직이지 않는 듯이 보이지만, 실은 바뀌어간다고 함으로써 명가의 주장을 반박하였다는 것이다.

* 鏃矢之疾而有不行不止之時(쏜 살은 가지도 않고 멈추지도 않는 순간이 있다):

정지된 물건을 통과하며 그 물건과 화살이 함께 있는 순간이 있다.

* 指不至 至不絶(개념은 포착되지 않으며, 사물은 끊임이 없다):

풍우란은 '지부절'(至不絶)을 '물부절'(物不絶)로 교정하여 이것을 지물론에서의 지(指)와 물(物)의 차이를 나타내는 주장으로 본다.[39]

39 풍우란 저, 『중국철학사』, 박성규 옮김, 350~351쪽.

제4장
혜시의 명학: 무한(無限)과 유한(有限)

혜시(BCE 370?~310?)는 공손룡과 함께 전국시기 명가의 대표자였다. 그는 송(宋)나라 출신이라고 하는데, 생존 연대는 정확하지 않다. 오랫동안 위(魏)나라의 재상을 지냈고, 위혜왕(魏惠王, BCE 379~335)은 그를 제나라의 관중(管仲)에 비견했다. 후에 위나라에서 쫓겨나서, 초나라에 갔을 때, 장자를 만나 사귀었고, 몇 년 후에 다시 위나라로 돌아왔다.

혜시 혹은 그 제자들에 의해 엮어진 『혜자』(惠子)라는 책은 없어졌다. 그의 사상은 『장자』(莊子), 『순자』(荀子), 『한비자』(韓非子), 『전국책』(戰國策), 『여씨춘추』(呂氏春秋), 그리고 『설원』(說苑) 등에 보존되어 있다.

일반적으로 혜시의 명학을 사물들의 변화에 주목하고, 같음과 다름의 차이를 없애버린 대동의 입장에서 이해를 해왔다. 그러나 사물들의 변화에 주목하면서 동시에 같음과 다름의 차이를 없애버렸다는 것을 어떻게 이해할 수 있겠는가? 아마도 혜시사상을 장자의 제물사상 혹은 상대주의 사상으로 이해했다는 의미일 것이다. 말하자면 사물들은 무한히 변화하니 꼭 집어서 무어라고 단정할 수 없고, 따라서 이러저러하게 구분하지 말고, 그대로 받아들이자는 것으로 볼 수 있다. 장자의 이러한 제물사상은 인간 혹은 사물의 자기중심적 관점과는 구분되는 천의 절대관점을 동원해서 가능했다. 혜시의 입장을 이렇게 이해해야 하는가? 내가 보기에 혜시의 천지일체(天地一體)의 주장은 무한을 정의함으로써 가능했다. 혜시와 장자는 둘 다 어떤 의미에서는 공통적으로 절대적 관점을 상정한 데서 시작하였지만, 그 절대적 지점을 분해 불가능한 것으로 이해할 것이냐, 아니면 가급적 논리적으로 정의 가능한 것으로 여길 것이냐에 차이가 있다고 본다. 이러한 점은 혜시의 역물십사를 다루고, 그에 대한 장자와 후기묵가의 비판을 소개하면서 자연히 드러날 것이다.

1. 혜시의 역물십사(歷物十事)

혜시의 역물십사(歷物十事)는 앞서도 말했듯이 『장자』 「천하」편에 나타나는 10개의 주장을 가리킨다. 이는 혜시의 명학사상을 가장 잘 드러내주는 주장이라고 할 수 있다. 그러나, 문제는 흔히들 혜시의 기본적 관점으로 말해지는 '합동이'(合同異), 즉 다름 속에서 같음을 찾는 것이 혜시십사를 완벽히 포괄하고 있지 않다는 것이다. 아마 기껏해야, 십사 중에서 첫 번째, 다섯 번째 정도만이 합동이를 표현하고 있다고 할 수 있다.[1] 우리는 십사에서 차이를 없애는 입장뿐이 아니고, 차이를 드러내는 입장도 역물십사 가운데에서 발견할 수 있기 때문이다.

1 이강수도 다섯 번째는 흔히 합동이를 나타낸다고 하지만, 합(合)의 관점만이 아니고, 리(離)의 관점도 있다고 주장한다. 이강수, 『중국고대철학의 이해』, 서울: 지식산업사, 1999, 203쪽.

또 혜시의 주장은 흔히 상이한 관점을 한 사물에 동시에 등장시키는 데서 생겨난 궤변으로 이해되어왔다. 예컨대, "두께가 없는 것은 쌓을 수 없지만, 그 크기는 천리이다"라는 명제는 하나의 기하학적 면에 대해, 두께의 차원과 길이 혹은 면적의 차원을 동시에 적용해서 생기는 주장으로 해석된다. 또한 "태양은 중천에 이르자마자 기울고, 사물은 생기자마자 죽어간다"는 주장도 태양이 떠오르거나 사물이 생기는 관점에서 본 것과, 태양이 내려가는 것과 죽어가는 관점에서 본 것을 동시에 취했기 때문에 생기는 주장이라고 이해된다. 그 밖의 "남쪽은 끝이 없으면서도 끝이 없다"나 "오늘 월나라에 갔다가 어제 왔다", "연결된 고리는 풀 수 있다" 등이 다 이렇게 상이한 관점을 동일한 사물에 동시에 적용했기 때문에 생긴 궤변들이라는 것이다.

나는 이러한 관점의 상대성을 혜시가 즐긴 것은 아니라고 생각한다. 오히려 혜시가 역물십사에서 말하고자 하는 것은 마지막 주장, 즉 범애만물(氾愛萬物)이고, 그 근거는 천지일체, 즉 만물일체이다. 나는 이 마지막 주장을 가능하게 하는 것이 앞서 제시된 아홉 개의 모순적 주장들이라고 믿는다. 즉 혜시십사의 각각의 주장이 전제들이 생략된 각각의 논증의 귀결이라기보다는 혜시십사 자체가 하나의 논증으로 볼 수 있고, 그것은 대체로 앞선 아홉 개의 전제와 하나의 결론으로 구성되어 있다는 것이다.[2] 이렇게 보는 이유는 첫째, 아홉 개의 주장들이 모두 우연적으로 전제들이 생략되었다고 하기에는 무리가 있고, 둘째, 아홉 개의 주장들의 성격이

---

2 그레이엄도 역물십사는 아홉 개의 전제와 하나의 결론으로 이루어진 논증이고, 앞의 아홉 명제는 분할의 모순을 지적하는 문장들이며, 따라서 이런 전제들로부터 결국 이 세계는 분할할 수 없는 하나의 몸임을 도출했다고 본다. Cf. A. C. Graham, "Chuang-tzu's Essay on Seeing Things as Equal," *History of Religions* 9 (1969/1970), pp. 137~159.

비슷해 보이기 때문이다. 앞선 아홉 개의 주장들과는 달리 마지막 주장은 역설이 아니고, 중국 전통에서 흔히 보이는 윤리적 명령인 '범애' 그리고 형이상학적 주장인 '만물일체'이다. 결국 이 상식적인 윤리적 주장과 형이상학적 주장이 다른 아홉 개의 역설적 주장과 어떻게 연결되는지가 혜시의 명학사상을 이해하는 관건인 것이다.

먼저 첫째 명제를 살펴보자.

(1) 지극히 큰 것은 밖이 없으니 대일(大一)이라 하고, 지극히 작은 것은 안이 없으니 소일(小一)이라 한다(至大无外 謂之大一 至小无內 謂之小一).

풍우란은 이 명제가 다른 명제와는 다른 분석적 명제라고 한다. 이 명제는 분석명제이기에 다시 말해, 이것은 개념 간의 관계에 대해 말하기에, 우리의 경험세계에 대해 말하는 타 명제들과는 달리 '항상 참인 명제'(tautology)라고 한다. 나머지 명제들은 그 진위가 의심스럽거나, 혹은 그 진위가 상대적인 반면 이것의 진위는 절대적이라고 한다. 달리 말해 지대나 대일은 가장 큰 것이고, 지소나 소일은 가장 작은 것인데, 그 밖의 것들은 이 둘 사이에 있고, 상대적인 가치를 지닌 것이라고 한다. 전자는 무궁(無窮), 후자는 무후(無厚)로 표현하기도 하였다. 어떤 방식으로든지 한마디로 혜시는 가장 큰 것과 가장 작은 것을 개념적으로 상정해놓고, 즉 절대적인 것을 상정해놓고, 이것들에 비추어서 다른 것들이 상대적임을 혜시십사를 통해 주장한다는 것이다.

그러나 이렇게 보면, 혜시 또한 개념적 진리에 대해 말하고 있으므로,

혜시의 입장을 사물의 상대성에만 입각해서 보려는 풍우란의 시도가 애초부터 적절하지 않음이 분명하다. 이 첫 번째 명제가 우리의 관심을 끄는 것은 지대(至大)와 지소(至小)가 각각 대일(大一)과 소일(小一)로 연결되고 있다는 것이다. 우리는 더 이상 쪼갤 수 없는 아주 미세한 입자도 하나로 볼 수 있지만, 모든 것을 포괄하는 무한한 우주 전체도 일(一)로 볼 수 있다는 것을 이 첫째 명제가 주장하는 것이다. 그런데 왜 그런 것들을 하나로 볼 수 있는가? 흥미롭게도 사마표는 그 이유에 대해 "밖이 없기에 하나로 만들 수 없고, 안이 없기에 나눌 수 없다. 그러므로 하나라고 이른다"[3]고 말한다. 아마도 그에게 '하나'는 그것을 넘어설 수 없을 정도로 큰 것이나, 더 이상 나눌 수 없을 정도로 작은 것에 부칠 수 있는 개념인 듯하다. 즉 무한대나 무한소만이 '진정으로 하나'라고 할 수 있는 것이라고 파악했던 것 같다. 그러나 왜 '하나'를 이렇게 협소하게 사용해야 하는가? 왜 사실세계의 상대적인 것들인 하나인 것들은 '하나'라고 말할 수 없는가? 장자와 후기묵가의 비판은 바로 이 점을 지적한다.

후기묵가도 무한대와 무한소의 개념을 가지고 있지만 그것을 커다란 문제로 보지 않는다. 예컨대 공간과 시간은 무한대의 개념으로 풀이할 수 있다.

> (경상) 구(久 시간, 지속됨)는 다른 시간을 두루한 것이다.
> (경설상) 옛날과 지금, 아침과 저녁을 두루한 것이다.[4]

---

3 "司馬云, 無外不可一, 無內不可分, 故謂之一也", 陸德明, 『經典釋文』「莊子音義」.

4 "久 彌異時也" 「경상」. "久 古今旦莫" 「경설상」.

(경상) 우(宇 공간)는 다른 장소를 두루한 것이다.

(경설상) 동서와 남북이다.[5]

시간과 공간은 두루하는 것으로 그 이상의 것을 허용치 않는 무궁의 특성을 지닌다:

(경하) 공간에서 나아가는데, 가까움이 없다. 그 이유는 두루 밟음에 있다.

(경설하) 구획되어진 공간은 두루 거론할 수 없는데, 이것이 공간이다. 나아가는 자는 먼저 가까운 데를 밟고, 후에 먼데를 밟는다. 가는 자는 반드시 가까움을 먼저하고, 먼 것을 뒤에 한다.[6]

(경하) 궁(窮)은 공간 앞에 척(尺)을 허용하지 않는 것이다.

(경설하) 혹 척을 허용하지 못하면 유궁이고, 척을 허용하지 못함이 없으니 무궁이다.[7]

사물의 끝이나 점, 혹은 시간의 시작은 무한소의 개념으로 이해된다:

(경상) 단은 몸 가운데의 두께가 없으면서 가장 앞에 있는 것이다.

(경설상) 이것은 같은 것이 없다.[8]

5 "宇 彌異所也" 「경상」. "宇 東西家南北" 「경설상」.

6 "宇進無近 說在敷" 「경하」. "傴宇不可偏擧 字也 進行者先敷近 後敷遠 行者行者 必先近而後遠" 「경설하」.

7 "窮 或有前 不容尺也" 「경하」. "窮 或不容尺 有窮 莫不容尺 無窮也" 「경설하」.

8 "端 體之無序而最前者也" 「경상」. "端 是無同也" 「경설상」.

(경) '시작'(始)은 때에 딱 들어맞는 것이다.

(설) 때에는 유구(有久)가 있기도 하고 무구(無久)가 있기도 하되, 시(始)는 무구(無久)에 해당한다.[9]

(경상) 정지는 지속됨을 그치는 것이다.

(경설상) '지속됨이 없는 것'(無久)이 '정지하지 않음'(不止)은 우와 비마에 해당하니, 마치 화살이 (출발점이 되는) 기둥을 지나는 것과 같다. '지속됨이 있는 것'(有久)이 '정지하지 않음'(不止)은 마와 비마에 해당하니, 마치 사람이 다리를 건너는 것과 같다.[10]

(2) 두께가 없는 것은 쌓을 수 없지만 그 크기는 천리이다(無厚 不可積也 其大千里).

역물십사의 두 번째 주장부터 우리는 더욱 심각한 역설적 상황에 직면한다. '무후'(無厚)는 '동이'(同異), '견백'(堅白)과 함께 명가의 사람들에게 친숙한 개념이다.[11] 먼저 무후는 분할할 수 없는 것, 그리고 묶어 맬 수 없는 것, 즉 앞서 말한 소일 · 지소를 가리킨다고 할 수 있다. 이것은 『묵경』의 후(厚)에 대한 정의를 보면 알 수 있다.

(경상) 후(厚, 두터움)는 크게 할 바가 있다.

9 "始 當時也" 「경상」. "始 時或有久 或無久 始當無久" 「경설상」.

10 "止 以久也" 「경상」. "止 無久之不止 當牛非馬 若矢過楹 有久之不止 當馬非馬 若人過梁" 「경설상」.

11 『묵경』이나 노승 「묵변주」의 서(敍) 등에 무후(無厚) 대신에 무서(無序)라고 씌어 있는데, 무서가 과연 동이(同異)나 견백(堅白)과 같이 명가의 사람들에게 의미가 있는 개념인지는 잘 모르겠다. 무후는 또한 『장자』 「양생주」에서 지극히 얇은 칼날을 가리키기도 하였다.

(경설상) 오직 크게 할 바가 없는 곳(端)에서 나온다.[12]

결국 혜시나 후기묵가에게 천리나 되는 거리는 사실은 무한소인 점, 즉 무후가 모여서 된 것이라고 할 수 있다. '무후는 쌓을 수 없지만 그 크기는 천리이다'라는 것은 무후란 너무나 얇은 것이어서 쌓을 수는 없지만, 또한 천리를 구성하는 부분이라는 것이다. 이것은 일종의 공간의 역설이고, 따라서 역물십사 중의 여섯 번째의 주장, "남쪽은 끝이 없으면서도 끝이 있다"(南方无窮而有窮)와 유사하게, 공간이 끝이 없으면서도 끝이 있다는 주장을 하고 있는 것이다. 특별히 이 두 번째 주장을 풍우란을 포함한 많은 학자들은 기하학의 면에 대한 명제로 이해했다. 기학학적 면은 (2차원의 것이기에) 두께가 없지만, 길이나 면적이 있다. 두께가 없는 것이기 때문에 쌓을 수는 없지만, 그 면의 길이나 면적은 천리나 될 수 있다는 것이다. 하지만 왜 우리가 갑자기 면과 같은 기하학의 용어를 도입해야 하는가? 물론 『묵경』에서 원이나 혹은 사면체에 대한 언급이 나오지만, 앞서 말했듯이 그것들은 다분히 곱자(矩)나 컴퍼스(規)와 같은 측정기기들과 관련된 기술적 용어들이지, 점 · 선 · 면 · 체적과 같은 기하학적 개념들이라고 볼 필요는 없을 것 같다. 또한 사마표는 무후를 무로 해석하고, 이것은 결국 형체를 가진 유와 표리의 관계로, 결국 무후(無)와 '면적이 있는 것'(有)은 하나일 수밖에 없다고 주장하였다.[13] 그러나 왜 무후를 무라고 보아야 하는지, 또한 무와 유가 서로

12 "厚 有所大也" 「경상」. "厚 惟無所大" 「경설상」.

13 "사마표가 말하기를 사물은 형을 말하는 것이 유이고, 형의 바깥이 무이다. 무형과 유상은 서로 표리를 이루므로, 형물의 두터움은 무후에서 다하게 된다. 무후와 유는 동일체이다라고 하였다"(司馬云 物言形爲有 形之外爲無 無形與有相爲表裏 故形物之厚盡於無厚 無厚與有同一體也) 陸德明 『경전석문』.

경계 개념이라는 점이 왜 이들의 동일성을 의미하는지는 분명치 않다. 또한 이러한 해석은 사마표 자신이 앞에서 지소·지대를 각각 일(一)로 보았던 해석과 잘 맞지 않는 것 같다.

(3) 하늘은 땅과 더불어 낮으며, 산은 택지와 더불어 평평하다(天與地卑 山與澤平).

이 명제는 우리의 경험적 인식이나, 특정한 현상의 사실을 가리키는 것으로 해석되어왔다. 예컨대, 먼 곳의 하늘과 땅은 거의 맞닿아 있는 것처럼 보이고, 어떤 고지대의 못은 저지대의 산보다 높기도 하기에 이런 주장을 했다고 보는 것이다. 이것은 이 명제를 특정 사실에 기반한 명제로 보는 것이다. 이러한 해석은 양경(楊倞)의 해석을 따르는 것 같다.

> 하늘은 실질적인 형체가 없어서 땅의 위로 텅 빈 것이 모두 다 하늘이다. 이것은 하늘은 (땅과) 오래도록 가까이 붙어있으면서 서로 따른다는 것이니, 하늘은 높고 땅은 낮다는 차이가 없다. 높은 산에서는 하늘도 높고, 깊은 물에서는 하늘도 낮다. 그러므로 하늘과 땅은 가지런하다.[14]

그러나 하늘과 땅의 접점에서는 그렇다 할지라도, 그렇지 않은 지점에서는 여전히 하늘이 높고, 땅은 낮지 아니한가? 결국 이 해석은 하늘과 땅의 접점이라는 특정한 현상의 사실만을 강조한 것으로 볼 수 있다. 내가 보기에는 이 명제도 무한하게 큰 공간에서 보자면 하늘과

---

14 『荀子集解』「不苟」의 '天地比, 山淵平'에 대한 楊倞의 注, "或曰: 天無實形, 地之上空虛者盡皆天也, 是天之長親比相隨, 無天高地下之殊也. 在高山則天亦高, 在深泉則天亦下, 故曰天地比."

땅, 혹은 산과 택지와 같은 것들이 구분이 되지 않는 상황을 말하는 것 같다. 예컨대, 『장자』 「소요유」편에서 대붕이 수만 리 높이 올라간 곳에서 본 지상의 것들은 다 먼지처럼 뿌옇게 보인다고 했을 때의 상황을 말하는 것 같다.

(4) 태양은 중천에 이르자마자 기울고, 사물은 생기자마자 죽어간다(日方中方睨 物方生方死).

육덕명은 이 명제를 노자의 '반자도지동'(反者道之動, 반대편으로 향하는 것이 도의 움직임이다)이나 장자의 '만물전변'(萬物轉變, 만물이 끊임없이 변한다)의 사상에 기반하여 사물의 일체성을 말하고 있는 것처럼 읽는다.

> 해가 막 중천에 이르렀다고 말하면 그림자는 이미 다시 기울고, 그림자가 막 기울었다고 말하면 빛은 이미 다시 묻히며, 빛이 막 묻혔다고 말하면 밝음은 이미 다시 올라온다. 무릇 중천에 있음과 기욺, 오르고 내림은 돌아가는 지도리가 순환하는 것과 같으니 저절로 서로가 앞뒤가 되어 시작과 마침에 구별이 없으니 곧 존망생사가 이것과 어떻게 나뉘겠는가?[15]

그러나 내가 보기에 이 명제는 변화의 반복이나 회귀, 혹은 그에 근거한 사물의 일체성을 말하기보다는 특정한 시점, 즉 중천의 시점이나 태어난 시점이 가지는 특성에 대한 언명처럼 보인다. 시점은 그 자체로는 무어라고 규정지을 수 없고, 앞으로의 진행 과정에 따라 그것을 올라가는 시점으

15 陸德明, 앞의 책 "謂日方中而景已復昃, 謂景方昃而光已復沒, 謂光方沒而明已復升. 凡中側之與升沒, 若轉樞循環, 自相與爲前後, 始終無別, 則存亡生死與之何殊也."

로 볼 수도 있고 혹은 내려가는 시점 혹은 태어난 시점이나 죽어가는 시점으로 각각 볼 수 있다는 것이다.

(5) 크게 같으면서도 작게 같은 것과 다른 것을 일러 소동이(小同異)라 하고, 만물이 완전히 같으면서도 완전히 다른 것을 일러 대동이(大同異)라고 한다(大同而與小同異 此之謂小同異 萬物畢同畢異 此之謂大同異).

이것은 관점에 따라 사물이 달리 보인다는 입장을 말한 것 같다. 일종의 관점주의(perspectivism)라고 할 수 있는데, 나는 이러한 입장이 단순히 혜시의 입장뿐만이 아니고, 후기묵가를 포함한 모든 변자들의 입장이라고 본다.[16] 혜시의 지대 · 지소 혹은 대일 · 소일의 개념도 어느 정도 이런 관점주의의 산물일 것이다. 문제는 이러한 입장에는 단지 합동이의 관점만이 아니고, 동이의 차이를 구분 짓는 관점도 들어가 있기에, 혜시를 합동이로만 보아온 기존의 입장이 불충분하다는 것이다.

(6) 남쪽은 끝이 없으면서도 끝이 있다(南方无窮而有窮).

이것도 (2)와 마찬가지로 공간의 역설이라고 할 수 있다. 단지 (2)가 공간 분할과 관련한 역설이라면, 이것은 공간의 확장과 관련된 역설이다. 남쪽 혹은 남방의 공간은 틀림없이 유한하지만 다시 말해 북쪽 · 동쪽 · 서쪽에 의해 제한을 받고 있는 한정된 공간이지만, 끊임없이 펴져 있는 무한의 공간이기도 하다. (2)가 무한히 적은 것인 지소나 소일과 관련된

16 사실 장자도 이에 예외가 아니다.

것이라면, 이것은 무한히 큰 것인 지대나 대일과 관련된 것이다. 혜시가 무한의 개념을 상당히 부담스럽게 받아들이면서도 하나라는 개념을 써서 그것을 지칭하려는 시도를 하는 반면, 후기묵가는 앞서 말한 대로 굳이 그것을 하나로 보려는 시도를 하지 않고, 정의하려는 시도 또한 하지 않는다. 그들이 보기에 무한은 그 특성상 정의 불가능한 것이기 때문이다. 물론 『묵경』에서는 남방이 무궁하다고 해도, 겸애를 하는 것에는 아무 문제가 없다는 것을 양도논법을 써서 증명하고 있다. 무한을 무한으로 받아들여도 우리에게 아무런 문제도 일어나지 않는다는 것이다.[17]

(7) 오늘 월나라에 갔다가 어제 온다(今日適越而昔來).

흔히 우리는 어제 월나라에 갔다가 오늘 온다고 말한다. 그러나 혜시에 따르면 월나라 간 것은 어제가 아니라 오늘이고, 온 것은 오늘이 아니고 어제이다. 대다수 학자들은 이 명제가 오늘과 어제, 가고 옴의 구분이 절대적인 것이 아니라, 얼마든지 바뀔 수 있다는 것을 말한다고 한다. 오늘은 시간이 지나면 어제가 되고, 또 내가 가는 것이 다른 사람의 입장에서는 오는 것이 되므로, 따라서 우리가 다양한 관점을 한 사건에 적용하면 이렇게 표현할 수도 있다는 것이다. 그러나 이렇게 관점의 임의성을 강조하는 해석보다는 공간과 지점, 시간과 시점의 모순성에 주목하는 해석이 좀 더 일관적일 것 같다. 다시 말해 내가 오늘 새벽 0시 정각의 시점, 월나라의 국경 지점은 오늘과 어제, 월나라와 월나라가 아님의 양쪽에 걸쳐 있는 지점과 시점이다. 이 지점과 시점이 가지고 있는 특성을 이 명제는 말하고 있는 것 같다.

---

17 B73 참조.

(8) 연결된 고리는 풀 수 있다(連環可解也).

공간과 점에 관련된 역설이다. 연결된 고리는 연속적이므로 풀 수 없다. 그러나 연속적인 것, 다시 말해 연장이 있는 것은 무한히 적은 부분, 즉 점으로 이루어져 있다. 어떤 고정된 길이의 물체는 무한히 분할될 수 있고, 따라서 틈이 있다고 할 수 있다. 따라서 연결된 고리를 풀 수 있다고 하는 것이다.

(9) 나는 천하의 중앙을 아니, 연나라의 북쪽과 월나라의 남쪽이 이것이다(我知天下之中央 燕之北越之南是也).

손영식은 이 명제에서 중심을 하나의 점이 아니라, 극도로 큰 지역으로 해석한다. 즉 중심으로 잡은 지역이 연나라의 북쪽과 월나라의 남쪽을 포섭할 만큼 커다랗다면, 그것을 천하의 중앙으로 삼을 수도 있다는 것이다.[18] 그러나 내가 보기에 이 명제는 공간의 속성을 말하는 것으로, 공간은 어디서나 사방으로 계속 펼쳐지는 것이므로, 그 시작점을 연나라의 북쪽으로 삼아도 되고, 월나라의 남쪽으로 삼아도 둘 다 그 지점을 천하의 중앙으로 삼을 수 있다는 이야기이다.

(10) 만물을 두루 사랑하라. 천지는 일체이다(氾愛萬物 天地一體也).

혜시는 이 마지막 문장에서 이제까지의 역설적 표현과는 달리 긍정적

---

18 손영식, 『혜시와 공손룡의 명가 철학』, 울산: 울산대학교 출판부, 2005, 177쪽.

결론을 이끌어내고 있다. 그의 결론은 결국 사물을 분리하지 말고, 하나로 포섭해야 한다는 것이다. 흥미로운 것은 이러한 혜시의 결론에 대해 장자나 후기묵가 모두 유사한 비판을 하고 있다는 점이다. 그것은 "천지일체"(天地一體)라는 표현에 대한 문제제기였다. 후기묵가와 장자는 천지가 하나라고 말할 수 없다고 생각한다. 장자에게 그러한 발화는 천지일체의 원래적 상황을 깨뜨리는 것이었다. 후기묵가의 비판도 유사한 지점을 지적하는데, 그들은 좀 더 논리적으로 접근한다. 그들에 의하면 무궁한 것, 예컨대 공간은 하나로 계산할 수 없는 것이었다. 왜냐하면 하나는 항상 둘을 생각할 수 있을 때 가능한 개념이지만, 무한한 것이라고 할 수 있는 천지의 공간은 "항상 또 다른 척(尺, 공간)을 허용하는 것"(莫不容尺無窮也), 즉 둘을 허용할 수 없는 개념이기 때문이다.[19] 즉 혜시가 천지일체에서 말하는 것도 일종의 체동(體同), 즉 사물이 연결되어 있음[20]을 말하는 것이라고 볼 수 있는데, 이러한 체동이 가능하기 위해서는 체를 포함하는 겸의 개념이 전제되어야 한다[21]고 그들은 보았다. 물론 그들이 보기에 천지는 그것의 밖을 생각할 수 없기에 체동일 수 없다.

2. 범애만물과 만물일체

역물십사의 마지막 주장인 범애만물은 마치 묵가의 겸애를 연상시킨

19 Cf. Graham, *Later Mohist Logic*, p. 58; 294, A42.

20 "겸에서 벗어나지 않는 것은 체동이다"(不外於兼 體同也) 「경설상」.

21 "체는 전체의 부분이다"(體 分於兼也) 「경상」. "둘 중의 하나, 척(尺)의 단(端 끝)이다"(體若二之一 尺之端也) 「경상하」.

다. 그러나 묵가는 겸애의 근거로 만물일체를 이야기하지 않았다. 묵가는 결코 만물일체와 같은 유기체 철학을 겸애 주장의 근거로 삼지 않았다. 그들에게 세상이란 상호 연결되어 있는 것들로 이루어졌다기보다는 각자 상관없는 개체들이 모여진 것일 뿐이다. 일체란 원래 구성 부분들 간의 조화나 상호 영향을 말할 수 있는 유기체에 대해 일컫는 것인데, 묵가에게 세계는 이런 유기체가 아니었다. 범애만물의 윤리적 명제와 만물일치의 유기체 철학을 처음으로 결합한 최초의 사상가는 묵가가 아니라 혜시였다.

앞서 말했듯이 혜시의 만물일체 사상은 흔히 상대주의적 관점으로 해석되어왔다. 이것은 장자의 제물사상이나 노자의 반자도지동(反者道之動)에서도 반복되는 관점이다. 이런 연고로 모든 사물의 상태는 반대되는 방향으로 흐르기에 사물은 한가지다라고 하거나, 또는 사물의 전변 과정은 끊임없이 진행되기에, 분할하여 구분을 하는 것이 의미가 없다는 취지로 혜시의 만물일체가 해석돼왔던 것이다.

> 저것은 방생(方生)의 설이다. 비록 그러하나, 생한 순간 바로 죽고, 죽은 순간 바로 산다. 가능한 것이 바로 불가한 것이 된다. 이것이 이것이 아닌 것이 되고, 이것이 아닌 것이 이것이 된다. 그러므로 성인은 그것을 쫓지 않고, 하늘에 비추어본다. 이것이 또한 (커다란) 이것에 따르는 것이다. 이것이 또한 저것이고, 저것이 또한 이것이다. 저것이 또한 하나의 시비이고, 이것이 또한 하나의 시비이다. 과연 이것과 저것이 있는 것인가, 없는 것인가? 저것은 그 짝을 얻지 못하니, 지도리라 불린다. 지도리는 그 원의 가운데 있어서 무궁한 것에 응한다. 이것 또한 무궁이고, 저것 또한 무궁이다. 그러므로 명(明)에 의한 것만 못하다.[22]

여기서 장자가 말하는 도의 관점이란 바로 절대적 관점으로, 그는 이를 '천의 관점'(天鈞)이라고 표현하기도 하였다. 모든 것을 포괄하는 천의 관점에서 모든 사물은 그 상이성을 떠나, 고루 평등하게, 즉 대등한 가치로 보여진다. 혜시의 역물십사는 바로 이런 장자의 제물사상에 입각해 해석되어왔다. 그리하여 많은 사람들은 도대체 혜시와 장자 사상의 차이가 무엇인지에 대해 의문을 가지게 되었다. 그리하여 유일하게 가능한 잠정적 차이로 혜시와 장자의 철학 방법의 차이를 들기도 한다. 다시 말해, 혜시의 만물일체는 논리적 귀결이고, 장자의 제물은 직관적 결론이라는 것이다. 여기서 혜시에 대한 장자의 우월성이 제시된다. 즉, 혜시는 그저 말로만 만물일체를 외쳤지, 진정한 만물일체는 이루지 못했다는 것이다. 장자가 혜시는 "만물일체"라는 명제를 주장함으로써, 만물일체를 이루지 못했다[23]라고 비판했던 것은 바로 이 문제를 지적한 것으로 본 것이다. 그러나 혜시의 역설이나 결론은 바로 무한과 유한 사이에 생기는 갈등을 드러낸 것이다. 노자나 장자처럼 궁극적인 도나 천의 관점에서 모든 문제를 해결하는 방식이 아니었다.

22 "彼是方生之說也 雖然 方生方死 方死方生 方可方不可 因是因非 因非因是 是以聖人不由而照之於天 亦因是也 是亦彼也 彼亦是也 彼亦一是非 此亦一是非 果且有彼是乎哉 果且无彼是乎哉 彼是莫得其偶 謂之道樞 樞始得其環中 以應无窮 是亦一无窮 非亦一无窮也 故曰莫若以明" 『莊子』「齊物論」.

23 『장자』「제물론」에는 천지일체의 주장을 비판하는 듯한 내용이 있는데, 이에 따르면 원래의 천지일체의 상황과 "천지일체"라는 명제가 둘을 이루고, 다시 이 둘과 원래의 천지일체의 상황이 셋을 이루는 식으로 무한히 수가 반복되기에 혜시의 천지일체의 주장은 모순이라는 것이다.

3. 혜시조의 궤변들

* 卵有毛(계란에는 털이 있다):

계란에서 나온 닭이 털이 있으므로 그렇다.

* 郢有天下(영이 천하를 가진다):

영이 천하를 가진다는 것은 영은 천하의 일부이지만, 부분은 또 전체와 동일시될 수 있기에 영이 천하를 가진다라고 표시할 수 있다.

* 犬可以爲羊(개는 양이 될 수 있다):

개나 양은 사람이 붙인 명사니까 바꿀 수 있다. 그러나 이름은 자의적인 것이 아니라, 규범적인 것이고, 따라서 일관되게 이름을 붙여야 한다는 생각이 『묵경』과 『공손룡자』에 광범위하게 발견된다.

* 馬有卵(말에는 알이 있다):

말의 태반을 알로 볼 수도 있다.

* 丁子有尾(두꺼비에는 꼬리가 있다):

두꺼비는 올챙이가 자란 것이니까.

* 山出口(산은 입을 가진다):

산에는 산울림이 있으니까.

* 龜長於蛇(거북이는 뱀보다 길다):

거북이의 수명은 뱀보다 길다.

* 白狗黑(흰 개는 검다):

흰 개의 눈이 검을 경우, 이런 표현을 쓸 수 있다. 사마표는 『경전석문』에서 이 주장을 설명하기 위해서 말의 눈에 대한 명제를 사용한다: "개의 눈이 멀었다면 우리는 눈먼 개라고 말한다. 그러나 개의 눈이 크다고, 큰 개라고 하지 않는다. 한 번은 이렇고, 한 번은 이렇지 않은 경우이다. 그렇다면 검은 눈을 가진 흰 개는 검은 개라고 할 수 있다."[24] 그러나 백구나 흑구의 표현은 털에 대한 것이지, 눈동자 색에 대한 것이 아니다. 『묵경』「소취」편에는 이렇게 어떤 표현의 규준이 되는 요소가 무엇인지에 대한 탐구의 흔적이 있다: "이 말의 눈이 크다고 말이 크다고는 하지 않는다. 이 소의 털이 노랗다면 소가 노랗다고 한다. 이 소의 털이 많다고 소가 많다고는 하지 않는다"[25]

* 齊秦襲(제나라와 진나라는 맞닿아 있다):

제나라와 진나라가 인접해 있을 경우, 간격은 없다고 할 수 있기에 그렇다.

* 入乎耳出乎口(귀로 들어가서 입으로 나온다):

음식은 입으로 들어가지만, 말은 귀로 들어가서 입으로 나온다.

24 "狗之目眇 謂之眇狗 狗之目大 不曰大狗 此乃一是一非 然則白狗黑目亦可爲黑狗" 『경전석문』 28/32A/II.

25 "之馬之目大 而不謂之馬大 之牛之毛黃 則謂之牛黃 之牛之毛衆 而不謂之牛衆" 「소취」.

풍우란은 이 모든 구절을 혜시와 연결시켜놓고, 이것들의 의미는 바로 같은 점에 근거해서 보면 어떤 사물이든 같지 않음이 없다는 점을 드러내는 것이라고 했다.[26] 이를테면, 혜시의 역물십사의 대동(大同)을 강조하는 것으로 보는 것이다. 그러나 앞에서도 말한 바와 같이 혜시는 장자처럼 단지 대동에만 관심이 있었던 것이 아니었다. 대이(大異)도 가능하다고 믿었고, 소동(小同), 소이(小異)의 구분도 알았다.

이렇게 상식에 입각한 기존의 해석들은 대체로 시간의 변화나 공간의 차이를 고려하지 않는 방식으로 혜시조의 궤변들을 해석하고, 이러한 입장이 혜시의 합동이의 관점과 일치한다는 식으로 몰고 갔다. 하지만 이들 궤변들은 단순히 이런 입장으로 이해하기에는 너무 다양한 측면을 보여주고 있다. 나는 위의 궤변들이 혜시의 궤변과 어떤 유사성이 있다는 풍우란 등의 주장에 이의를 제기한다. 왜냐하면 『묵경』에는 위의 표현들이 자의적 기준을 적용한 궤변으로 나오는 데 반해, 역물십사는 그런 자의적 기준에 입각한 궤변들이 아니기 때문이다. 이것은 아마도 혜시에게서도 비판받았어야 할 궤변들일 것이다.

26 풍우란, 『중국철학사』(상), 박성규 옮김, 서울: 까치, 2002, 348쪽.

제5장
순자의 평가와 명학의 의의

1. 순자의 평가[1]

이제까지 살펴본 변자들의 입장을 객관적으로 이해하기 위해서는 바로 이들에 대한 최초의 체계적 비판이라고 할 수 있는 순자의 삼혹에 주목할 필요가 있다. 순자는 「비십이자」, 「정명」, 「천론」, 「정론」 등 여러 편에서 그 당시의 다른 사상가들에 대한 비판을 하고 있는데, 특히 「정명」편에서 '세 가지 명실관계의 오류'(三惑)를 설명해내고 있다. 매우 흥미롭게도 그 세 가지 오류의 예들 중에서 후기묵가 · 혜시 · 공손룡의 대표적 주장들이 언급된다.

"모욕을 당해도 치욕으로 생각지 않는다", "성인은 자기를 사랑하지 않는다", "도둑을 죽이는 것은 사람을 죽이는 것이 아니다"는 등의 주장은 바로 명칭의

1 순자의 평가에 대한 부분은 내가 발표한 논문, "Xunzi's Sanhuo (Three Types of Cognitive Delusions)", *Journal of Chinese Philosophy* 39: 3, 2012를 번역한 것이다.

사용에 미혹되어 바른 명칭을 어지럽히는 것이다. 그런 주장은 명칭이 있게 된 까닭을 조사해 그 중 어느 것을 행할 것인가를 살핀다면 곧 금할 수가 있는 것들이다. "산과 연못이 다 같이 평평하다", "인정에 있어서 욕망은 적다", "소 · 양고기, 개 · 돼지고기도 그다지 더 맛있는 것이 아니며, 큰 종소리라 해도 그다지 더 즐거운 것이 아니다"라는 등의 주장은 바로 실상의 사용에 미혹되어 바른 명칭을 어지럽히는 것이다. 그런 주장은 같고 다른 것의 연유가 되는 까닭을 조사해 그 중 어느 것을 조절할 것인가를 살핀다면, 곧 금할 수가 있는 것들이다. "비이알영유우"(非而謁楹有牛), "백마는 마가 아니다"는 등의 주장은 바로 명칭의 사용에 미혹되어 그 실상을 어지럽히는 것이다. 그런 주장은 이름의 약속에 근거해, 그 마음으로 옳다고 받아들이는 것으로써 그 마음으로 그르게 여기는 것을 내친다면, 곧 금할 수가 있는 것들이다.[2]

위 인용문의 내용을 변자들과 연결시켜 도표로 정리하면 다음과 같다:

변자들	오류의 예	오류의 성격	오류를 방지하기 위해 주목해야 하는 점
후기묵가	도둑을 죽이는 것은 사람을 죽이는 것이 아니다	이름을 사용하는 데에 미혹되어 이름을 어지럽힌 것 惑於用名以乱名	명칭이 있게 된 까닭
혜시	산과 연못이 다 같이 평평하다	대상을 사용하는 데에 미혹되어 이름을 어지럽힌 것 惑於用实以乱名	같고 다른 것이 되는 까닭
공손룡	백마는 마가 아니다	이름을 사용하는 데에 미혹되어 대상을 어지럽힌 것 惑於用名以乱实	이름의 약속

2 "見侮不辱 聖人不愛己 殺盜非殺人也 此惑於用名以亂名者也 驗之所以爲有名 而觀其孰行 則能禁之矣 山淵平 情欲寡 芻豢不加甘 大鐘不加樂 此惑於用實以亂名者也 驗之以所緣無而以同異 而觀其孰調 則能禁之矣 非而謁楹 有牛馬非馬也 此惑於用名以亂實者也 驗之名約 以其所受悖其所辭 則能禁之矣" 『순자』「정명」.

위의 세 오류 가운데에서 두 번째 것, 즉 혜시가 범한 오류가 비교적 이해하기가 쉬운 것처럼 보인다. 명실의 틀을 사용해서 순자는 이 오류를 '대상의 사용에 미혹되어 이름에 혼란을 가져온 것'이라고 표현하였다. '대상의 사용에 미혹됨'이라는 표현은 이 미혹이 세계에 대한 잘못된 기술로부터 생겨난 오류임을 보여주는 것 같다. 예컨대, "산과 못은 같은 높이다"라는 주장은 산은 높고, 못은 낮다라는 실제 세계의 산과 강 사이의 차이를 포착하지 못한 오류인 것으로 말해진다. 하지만 설사 우리가 '대상의 사용에 미혹됨'이라는 표현을 이해할 수 있다고 하더라도, '이름에 혼란을 가져옴'이라는 두 번째 부분을 이해하는 데 여전히 힘들 수 있다. '이름에 혼란을 가져옴'이라는 표현은 언어(혹은 이름)가 잘 작동되지 않는 상황을 가리킬 수 있다. 순자에게 있어서, 언어의 기능은 화자의 의도를 전달하고, 대상을 지칭함으로써 일을 원만히 수행하는 것이므로, 순자의 이 두 번째 미혹은 "산과 못이 같은 높이다"라는 주장이 우리로 하여금 우리의 의도를 전달하고, 우리의 과제를 수행하는 것을 방해하는 것이라고 지적할 수 있다. 많은 학자들은 그저 이 두 번째 미혹을 어떤 산과 못이 실제로 같은 높이인 점 때문에 산과 못의 일반 개념에 혼란을 준 오류라고 주장해왔다. 그러나 이런 해석은 왜 이 미혹이 '대상의 사용에 미혹되어 이름을 어지럽히는 것'으로 표현되었는지 설명할 수 없다. 달리 말해서, 왜 꼭 이름(名)이 일반 개념들을 가리키고, 대상(實)이 시공간 안에 있는 구체적 대상을 가리켜야만 하는가?

우리는 첫 번째와 세 번째 미혹을 해석하는 데 더 많은 난점을 갖는다. 겉으로 보기에 "도둑을 죽이는 것은 사람을 죽이는 것이다"와 "백마는 마가 아니다"는 모두 도둑이 사람에, 그리고 백마가 마에 개념적으로 포섭됨을 부정한다는 점에서 같은 오류를 범하는 것으로 볼 수 있다. 그러나 첫 번째 미혹에서 부정되는 것은 도둑과 사람 사이의 관계가 아니라, '도둑을 죽임'과 '사람을 죽임' 사이의 관계이다. 좀 더 구체적으로 후기묵가는 '도둑'과 '사람' 사이의 관계는 받아들였지만, '도둑을 죽임과 '사람을 죽임' 사이의 관계는 부정한다. 우리가 단지 '도둑을 죽임'과 '사람을 죽임' 사이의 부정 관계에만 주의를 기울인다면, 순자가 첫 번째와 세 번째 미혹을 다른 종류의 미혹으로 분류할 특별한 이유가 없을 것이다. 왜냐하면 겸명으로서의 '도둑을 죽임', '사람을 죽임'은 단명으로서의 '도둑', '사람'과 크게 다르지 않기 때문이다. 따라서 우리는 두 단명 '도둑'과 '사람' 사이의 관계를 인정함으로부터 두 겸명 '도둑을 죽임'과 '사람을 죽임' 간의 관계의 부정에로의 미묘한 전이에 특별히 주의해야만 한다. 왜냐하면 그것이 첫 번째 미혹(이름의 사용에 있어서 미혹되어 이름에 혼란을 가져옴)과 세 번째 미혹(이름의 사용에 있어서 미혹되어 대상에 혼란을 가져옴)을 차별 짓는 유일한 요소이기 때문이다. 게다가 순자는 첫 번째 미혹은 이름을 가지는 목적에 대한 무시 때문에 생긴 반면, 세 번째 미혹은 사회적 관습체계로서의 이름의 성격에 대한 무시 때문에 생긴 것이라고 덧붙인다. 이 사실로 인해, 우리는 이름의 잘못된 사용은 다음 두 상황을 가리킨다고 말할 수 있다: 이름을 갖는 목적에 대한 무시와 사회적 관습으로서의 이름의 성격에 대한 무시.

첫 번째와 세 번째 미혹 사이의 차이는 물론이고 세 개의 미혹 사이의 차이를 이해하는 것은 명실의 적절한 사용을 위한 이 세 가지 요구조건들이 상호 연결되어 있는 것 같다는 점에서 복잡해진다. 이름을 갖는 목적(첫 번째 요구조건)을 이해하는 것은 오직 우리의 경험과 현재 통용되는 언어관습(각각 두 번째와 세 번째 요구조건들)을 이해할 때에만 가능하다. 게다가,

경험적 내용(두 번째 요구조건)은 화자의 의도나 미리 확립된 언어 관습(각각, 첫 번째와 세 번째 요구조건)이 선행되어 있지 않으면 획득될 수 없다. 언어적 관습(세 번째 요구조건)은 화자의 의도와 세계 경험(각각 첫 번째와 두 번째 요구조건)에 기초해서 수립될 수 있다. 이런 의미에서, 우리는 명실을 적절히 사용하기 위해서 위의 모든 세 가지 규준 혹은 요구조건들을 필요로 한다. 따라서 세 가지 미혹과 연관된 각각의 주장들이 정말 궤변이라면 그것들은 순자에 의해 제시된 해당 규준만 어긴 것이 아니라, 어느 정도까지는 순자가 말한 모든 규준을 어겨서 그렇게 된 것으로 이해해야만 한다. 예컨대, "도둑을 죽이는 것은 사람을 죽이는 것이 아니다"라는 주장은 이름을 갖는 목적만이 아니라, 경험적 증거와 언어 규약도 무시하는 미혹이 될 것이다. 이름을 갖는 목적이 화자의 의도를 전달하고, 일을 원활히 수행하는 것이기에 이 규준을 무시하는 첫 번째 미혹은 이름의 오용은 물론 대상의 잘못된 기술에로 우리를 이끌 수 있다. 이름과 대상이 상호 연결되기에 이 점은 다른 미혹들에 대해서도 지적될 수 있다. 순자의 생각과는 달리, "산과 못은 같은 높이이다"라는 주장이 왜 대상의 잘못된 기술을 포함하는 미혹 대신에 이름의 남용 혹은 오용을 포함하는 미혹이 될 수 없는가? 왜 "도둑을 죽이는 것은 사람을 죽이는 것이 아니다"와 "백마는 마가 아니다"가 이름의 남용이나 오용을 포함하는 미혹 대신에 대상의 잘못된 기술을 포함하는 미혹이 될 수 없는가? 이런 의미에서 비록 세 가지 미혹에 대한 순자의 논의가 적절한 명실의 사용을 위한 일반적 요구조건들을 가리키는 것이 참이라고 해도, 그가 그 당시의 궤변들을 이 세 가지 요구조건 각각에 배당한 것은 정확하지 않은 것일 수 있다. 나아가 순자의 분류가 배중률이나 적절한 절차에 기반한 것이 아니기에, 그의 세 미혹의 분류는 기대했던 만큼 변자들의 생각을 드러내기에 충분히 정보를 제공하지 않는 것이라고 말할 수 있다.

그러나 비록 세 미혹이, 혹은 그에 대응하는 적절한 명실의 사용을 위한 필수조건들이 서로 연관되어 있다고 하더라도, 우리가 어떤 원칙에 입각해서 이 세 가지 미혹을 차별화할 수 없다는 것은 아니다. 이 세 가지 미혹을 다룰 수 있는 적절한 방법이 있을 수 있다. 그레이엄(A. C. Graham)은 첫 번째와 세 번째 미혹의 차이를 보여줄 가장 설득력 있는 해석을 제공한다. 아래에서 나는 그레이엄의 해석을 비판적으로 살펴보고 나의 대안을 제시할 것이다.

1) 그레이엄의 해석

그레이엄은 순자의 이론이 "유가적 사용을 위한 후기묵가의 변의 축약"(a digest of Later Mohist disputation for Confucian use)[3]으로 볼 수 있다고 보고, 아래와 같이 묵가의 분과학의 토대 위에서 세 가지 미혹을 해석한다:

구분	오류	묵가 분과학
이름을 갖는 목적	이름을 다루는 데 있어서의 혼란 때문에 이름을 어지럽힘(이름 사용에 미혹되어 이름을 혼란시킴)	이름과 대상의 연결에 대한 앎(담화)
동이의 증거	대상을 다루는 데 있어서의 혼란 때문에 이름을 어지럽힘(대상의 사용에 미혹되어 이름을 혼란시킴)	대상에 대한 앎(과학)
이름 제정의 필수조건들	이름을 다루는 데 있어서의 혼란 때문에 대상을 어지럽힘(이름의 사용에 미혹되어 대상을 혼란시킴)	이름에 대한 앎(논증)

3 A. C. Graham, *Disputers of the TAO: Philosophical Argument in Ancient China*, La Salle: Open Court, 1989, p. 261.

그레이엄에 따르면, 첫 번째 미혹은 이름과 대상을 연결시키는 방법에 대한 앎과 연계된 잘못에서 기인하는 반면, 세 번째 미혹은 이름에 대한 앎과 연계된 잘못 때문에 기인하는 것이다. 달리 말해서, 첫 번째 미혹은 기술의 방법과 관련되고, 세 번째 미혹은 논증의 방법에 관련된다. 기술의 방법과 논증의 방법의 차이는 후자가 주장의 참됨을 확정하는 데 경험을 필요로 하지 않는 반면, 전자는 필요로 한다는 것이다. 그러므로 그 구분은 경험적 지식과 선험적이고 필연적인 개념적 지식의 차이에 해당된다. 이 점에서 그레이엄이 보기에, 순자는 공손룡의 주장 "백마는 마가 아니다"를 '백마'와 '마' 사이의 논리적 (필연적) 관계의 결여 때문에 비난하며, 후기묵가의 주장 "도둑을 죽이는 것은 사람을 죽이는 것이 아니다"는 도둑을 죽이는 상황을 일관되게 기술하는 것에 실패했다고 비난한다.

그레이엄의 해석은 순자의 세 미혹의 구분이 확고하고 정당한 것이라고 보는 것 같다. 하지만 그렇다 해도 왜 첫 번째 미혹(이름을 사용하는데 미혹되어 이름을 혼란시킴)을 이름과 대상을 연결시키는 데 있어서의 잘못과 연결시키고, 세 번째 미혹(이름을 사용하는 데 미혹되어 대상을 혼란시킴)을 이름들 간의 논리적 관계를 드러내는 데 있어서의 잘못과 연결시키는지를 이해하기는 어렵다. 즉, 왜 후기묵가의 주장 "도둑을 죽이는 것은 사람을 죽이는 것이 아니다"(殺盜非殺人)가 공손룡의 주장 "백마는 마가 아니다"(白馬非馬)와는 달리 명(名)과 실(實)의 연결 관계를 잘못 파악한 것이고, "백마는 마가 아니다"(白馬非馬)의 주장은 "도둑을 죽이는 것은 사람을 죽이는 것이 아니다"(殺盜非殺人)의 주장과는 달리 명(名)과 명(名) 사이의 필연적 함축관계를 잘못 파악한 것이 되는가? "도둑을 죽이는 것은 사람을 죽이는 것이 아니다"(殺盜非殺人)도 "백마는 마가 아니다"(白馬非馬)와 마찬가지로 도둑과 사람 간의 필연적 함축관계를 잘못 파악한 것이라고 할 수 있지 않은가? 또 어째서 "도둑을 죽이는 것은 사람을 죽이는 것이 아니다"의 주장은 우리가 명(名)을 가지는 이유나 목적을 잘 파악하면 피할 수 있는 오류인 반면, "백마는 마가 아니다"는 주장은 명(名)을 일관되게 만드는 방식에 유의하면 피할 수 있는 오류인지도 이해하기 어렵다.

공손룡이나 혜시나 후기묵가나 다 왜 우리가 명(名)을 가져야 하는지, 우리의 명(名)의 경험적 근거는 무엇이어야 하는지, 그리고 명(名)을 일관되게 사용해야 한다는 문제에서 모두 조금씩 잘못을 범한 것은 아닐까? 명(名)의 목적이 궁극적으로 실(實)을 드러내는 것에 있다면, 공손룡은 이름을 잘못 지어서 사실에 대한 정보를 주지 못했고, 혜시는 사실에 대한 인식에서 잘못을 범했고, 후기묵가는 왜 우리가 명(名)을 갖는지를 살피지 못해서 명(名) 체계에 대한 혼란을 가져오게 했다는 식의 해석을 하는 것은 너무 편협한 것이 될 것이다.[4] 내가 보기에 순자에 의한 삼혹의 분류는 적절하게 변자들의 잘못을 지적하고 있지 않다. 변자들은 사실 이름의 바른 사용을 위해서 순자가 제기한 원칙들을 다 조금씩 위반하고 있고, 따라서 그들의 오류를 교정하기 위해서는 그것들을 다 준수해야 한다. 다시 말해, 변자들은 이름을 갖는 목적, 동이판단의 경험적 근거, 사회적 약속체계로서의 이름의 성격 등이 그들의 오류를 피하기 위해 다 필요한 요소들임을 인정해야 한다. 순자는 언어의 바른 사용을 위한

4 순자의 삼혹(三惑)에 대한 기존 해석의 불충분성은 순자 정명론이 지닌 명(名)에 대한 보수적 태도 등을 감안해야만 해소될 수 있을 것이다. 이것은 이후 다른 연구를 통해 해명할 것이다.

세 가지 필수조건을 드러내는 와중에 이것들을 각각 후기묵가 · 혜시 · 공손룡의 궤변들과 연결시키는 잘못을 범했다. 순자 삼혹 이론의 더 큰 문제는 실제로 변자들의 이론 또한 그저 막연히 이런 세 가지 필수조건들을 무시했다고 볼 수도 없다는 것이다. 얼마든지 이런 조건들을 염두에 두고도 이들 변자들의 주장을 옹호할 수 있을 것이다. 변자들의 사상을 일관되게 해설해보려는 이 책의 시도가 바로 이런 방향으로 나가는 것이다.

그레이엄은 명실의 틀을 사용해서 미혹을 드러내는 것보다 미혹을 피하는 방법에 더 관심을 기울이는 것 같다. 그레이엄에 따르면, 이름을 가지는 목적(즉, 실을 지칭함으로써 화자의 의도를 전달하고, 어떤 일을 수행함)은 기술의 기술과 관련이 있는 반면, 이름을 제정함에 있어서 필수적 요구조건(즉, 이름의 일관된 사용)은 논증의 기술과 연관이 있다. 게다가 그레이엄이 순자의 세 미혹을 분류하는 데 사용하는 묵가의 네 분과학에 대한 일치된 견해는 없다. 그레이엄 이전에 풍우란은 『묵경』 안에서 지식의 세 원천과 지식의 네 부문을 말하였지만, 그는 그것에 대해 자세한 설명을 붙이지 않았다. 반면, 다른 묵경 전문가들은 『묵경』의 이 구절을 달리 해석하였다. 이것은 『묵경』이 이름에 대한 지식을 별도의 지식의 종류로 보았는지 않았는지의 문제가 여전히 논란거리임을 가리킨다. 『묵경』을 해석함에 있어서 나는 풍우란과 그레이엄이 시도한, 이름과 대상을 연결하는 지식과 이름에 대한 지식 간의 구분에 회의적인데, 왜냐하면 『묵경』 안에서 '변의 기술'(the art of description)의 근거들은 '실재를 기술하는 과정'(the process of describing the reality)에서의 기준이기 때문이다. 따라서 후기묵가는 '기술의 기술'(the art of description)을 "도둑을 죽이는 것은 사람을 죽이는 것이다"라는 주장을 물리치는 과정뿐만 아니라, "백마는 마가 아니다"라는 주장을 물리치는 과정에도 적용한다. 그들은 우리가 때때로 "사람을 죽이지 않는다"를 '도둑'을 죽이는 상황을 가리키기 위해서 사용한다는 근거를 가지고 전자의 주장을 물리치는 것과 유사한 방식으로 우리가 때때로 백마를 가리키기 위해서 "마"를 사용하지 않을 수 없다는 근거를 가지고 후자의 주장을 비판한다. 그렇다면 그레이엄의 해석과는 다르게 두 주장들이 같은 분과학에 속하는 것인데, 우리는 왜 순자가 그것들을 달리 분류했는지를 설명할 필요가 있다. 왜 순자는 공손룡과 후기묵가를 다르게 비판하는가?

2) 대안적 해석

순자의 관점을 드러내기 위해서는, 공손룡과 후기묵가 · 혜시와 후기묵가 사이의 차이를 드러내는 시도가 필요하다. 내가 보기에 순자가 공손룡과 후기묵가를 달리 분류한 까닭은 공손룡의 의미론과 논리가 후기묵가의 그것들과 다르다고 느꼈기 때문이다. 후기묵가의 의미론과 논리는 철저히 내포적 문맥에 충실하다. 이는 공손룡이나 후기묵가의 충실한 계승자였던 순자와도 다른 면이다. 후기묵가가 내포적 문맥에서 의미론과 논리를 전개했다는 것은 그들이 또한 구체적 사물들의 외연 논리를 발전시켰다는 사실과 모순되지 않는다. 그러므로 후기묵가가 내포적 문맥을 도입했다는 사실은 오직 동일성의 치환법칙이 준수되지 않는 몇몇 경우에서만 정당화된다. 동일성의 치환법칙이 한 문장 안에서 동연의 용어 간의 어떤 대치도 의미와 진리가의 변화를 가져오지 않음을 의미한다면, 내포적 문맥은 바로 치환법칙을 거스르는 상황을 의미하기 때문이다.

순자와 공손룡은 내포적 문맥에서의 논리와 의미론을 주장하지 않는다. 대신에 그들은 외연적 문맥에서의 의미론과 논리를 선호한다. 왜냐하면 그들은 유가 정명론의 기본적 의도, 즉 사물의 확고한 지칭을 통한 사회·정치적 질서의 수립에 동의하기 때문이다. 특별히 공손룡은 유가의 정명론의 극단적 형태인 이름과 사물 간의 일대일 대응을 믿는다. 그에 따르면 다른 이름은 항상 다른 것을 가리킨다고 한다. 이런 의미에서 "백마는 마가 아니다"라는 모순적 주장은 '백마'와 '마'가 다른 이름이기에 같은 것을 가리키지 않는다는 주장으로 이해되어야 한다. 공손룡의 입장은 대치 법칙의 적용을 지지하는데, 왜냐하면 그의 체계에서 우리가 같은 이름을 대치하면 같은 진리 주장을 하고 있기 때문이다. 따라서 공손룡은 적어도 내포적 논리의 편에 있지 않다.

만약에 순자가 공손룡과 마찬가지로 외연적 논리를 선호한다면 왜 그는 공손룡을 비판하는가? 순자와 공손룡의 차이는 무엇인가? 순자는 사실 후기묵가의 영향을 많이 받아 그들의 정명론을 받아들인다. 후기묵가에 따르면 유가의 정명론은 공손룡 식의 '하나의 사물에 하나의 이름이 존재'하는 극단적 형태가 아니라, 이름과 대상 사이의 기능적 함수관계를 말한다. 이름과 대상 간의 기능적 함수관계란, 어떤 이름에든 그 이름에 대응하는 하나의 특정한 대상이 있게끔 이름과 대상이 연결되어 있는 방식을 말한다. 순자와 후기묵가는 명과 실의 일대일 대응상황뿐만 아니라 다대일 대응상황을 허용한다. 이 점에서 순자뿐만 아니라 후기묵가는 비록 극단적 형태는 아니지만 여전히 유가의 정명론을 믿는다고 할 수 있다.

순자는 후기묵가가 한 언어적 표현에 너무 많은 의미를 부과한다고 생각하고 그들을 비판한다. 묵가의 주장 "도둑은 사람이지만, 도둑을 죽이는 것은 사람을 죽이는 것이 아니다"와 순자의 주장 "도둑은 사람이기에, 도둑을 죽이는 것은 사람을 죽이는 것이다"에서 "도둑은 사람이다"라는 표현은 도둑이 사람이라는 것을 의미하지 않고, "도둑"과 "사람"이 같은 대상을 가리킬 수 있음을 의미한다. 한센이 지적한 대로 문장이 가리키는 사태에 주목하기보다는 이름이 가리키는 사물에 주목하는 형상이다. 이 점에서 순자와 후기묵가는 공손룡과는 달리 내포적으로 다른 두 이름의 외연적 동일성, 즉 『묵경』에서의 중동(重同)의 상황을 받아들인다. 그러나 앞서 주장들의 각각의 후반부("도둑을 죽이는 것은 사람을 죽이는 것이 아니다"와 "도둑을 죽이는 것은 사람을 죽이는 것이다")에서 후기묵가는 순자와 달리 "도둑을 죽임"과 "사람을 죽임" 사이에 동일성의 관계가 성립한다고 믿지 않는다. 후기묵가는 전자, 즉 "도둑"과 "사람" 사이에 동일성 관계가 성립하지만 후자, 즉 "도둑을 죽임"과 "사람을 죽임" 사이에서는 동일성 관계가 성립되지 않게 되는, 내포적 맥락에서의 추론을 즐긴다. 그러므로 순자의 후기묵가 비판은 동일한 것들의 치환법칙이 항상 성립하는 외연논리(a=b, then F(a)=F(b))에 근거한다. 이 지점이 순자와 후기묵가가 갈라지는 곳이다.

비록 순자가 외연적 동일성을 가지는 두 이름의 내포적 차이를 받아들였다고 해도, 그는 후기묵가의 내포적 논리와 의미론이 의미의 객관성을 해치기에 위험하다고 보았다. 그는 내포적 논리와 의미론이 결합에 의해 이름의 너무 많은 의미 변화를 용인하기에, 종종 모순적 주장들로 이끌려 진다고 보았다. 다음과 같은 후기묵가의 주장들이 이 점을 잘 보여준다:

> "강아지는 개지만 강아지를 죽이는 것은 개를 죽이는 것이 아니다"라는 것은 중동에 의해 받아들여질 수 있다.
>
> 강아지는 개다. "강아지를 죽이는 것"은 "개를 죽이는 것"을 가리키는

것으로 받아들일 수 있다.[5]

> 노예는 사람이고, 노예를 사랑하는 것은 사람을 사랑하는 것이다. 도둑은 사람이지만 도둑을 사랑하는 것은 사람을 사랑하는 것이 아니다.[6]

위의 주장들에서 후기묵가는 긍정과 부정의 입장을 둘 다 받아들이는데, 이것은 비일관적인 듯하다. 물론 각자의 입장은 나름의 이유들에 의해 옹호되어진다. 하지만 이것은 순자가 그렇게 확보하려고 했던 유가의 이름 체계에 대한 위협일 수 있었다. 이 점이 순자가 이름을 갖는 목적은 의도를 전달함으로써 일을 실행하는 것이라는 후기묵가의 언어관에 동의했으면서도 후기묵가를 비판하는 이유일 수 있다. 이 점에서 우리는 첫 번째와 두 번째 미혹이 '이름에 혼란을 가져온다'는 같은 결과를 이끈다는 사실을 상기해야 한다. 혜시의 궤변은 특히 충돌하는 주장들을 가리키기에 우리는 '이름에 혼란을 줌'을 충돌하는 주장들을 갖게 됨을 의미하는 것이라고 생각해도 된다. 이 점에서 순자가 후기묵가의 논리에 대해 부정하는 것은 후기묵가의 논리가 "도둑을 죽이는 것은 사람을 죽이는 것이 아니다"라는 특정 주장뿐만 아니라, "도둑을 죽이는 것은 사람을 죽이는 것이다"와 "도둑을 죽이는 것은 사람을 죽이는 것이 아니다"의 충돌하는 주장들을 동시에 주장할 수 있는 가능성이다.

첫 번째 미혹과 세 번째 미혹에 대한 앞서의 해석을 생각해보면, 두 번째 미혹을 해석할 필요가 있다. 이것은 '이름에 혼란을 줌'이 이제

---

5 "狗 犬也 而殺狗非殺犬也 可 說在重" 「경하」. "狗 犬也 謂之殺犬 可" 「경설하」.
6 "獲 人也 愛獲 愛人也 [……] 雖盜人人也 [……] 殺盜人非殺人也" 「소취」.

(앞서 말했던 것처럼) 언어의 잘못된 작동 대신에 '충돌하는 주장들'을 가리키기 때문만은 아니고, '대상의 사용에 있어서 미혹됨'이 이미 첫 번째 미혹과 세 번째 미혹에 적용되었던 '실재에 대한 잘못된 기술'만을 의미할 수는 없기 때문이다. '이름의 사용'이 '기술의 기술'(art of description)을 의미한다면, '대상의 사용'은 그것을 의미할 수 없다. 따라서 나는 '이름의 사용'을 '기술의 기술'(the art of description)에 위치시키고, '대상의 사용'을 '어떤 언어적 기술 이전에 대상을 아는 기술'에 위치시킴으로써, 그것들을 구분할 것을 제안한다. 순자에 따르면 우리의 지식은 대상을 먼저 알고, 그러고 나서 나중에 그것을 기술함으로써 완성된다. 순자에게 있어서 우리의 감각과 심의 기관을 통해 대상을 아는 것과 이름으로 우리의 지식을 기술하는 것은 우리의 경험적 지식의 두 구성요소이기에 둘 중에 하나가 빠지면 '무지'(앎이 없음)에 머무른다.

이제까지 순자의 세 가지 미혹을 설명함에 있어서 나는 세 미혹들이 오류라고 가정했다. 그러나 사실 후기묵가는 그들의 주장이 명실의 적절한 사용의 첫 번째 규준을 지키지 않았다는 순자의 주장에 동의하지 않을 것이다. 왜냐하면 고대 중국철학자들 중에서 후기묵가는 누구보다도 이름의 기능이 대상을 가리킴으로써 화자의 의도를 전달하고, 과제를 수행하는 것이라는 점을 강조하는 사람들이었기 때문이다. 후기묵가가 이미 "도둑을 죽이는 것은 사람을 죽이는 것이 아니다"의 의미가 무엇인지 설명했기에, 순자가 그들을 화자의 의도를 전달하는 데 실패했다고 비판하는 것은 공정하지 않은 것일 수 있다. 대신 후기묵가는 순자에게 어떻게 "도둑을 죽이는 것은 사람을 죽이는 것이 아니다"의 주장을 부인하면서 도둑을 사형시키는 제도를 옹호할 수 있는지를 물어볼 수 있다. 나아가 "백마는 마가 아니다"와 "산과 못은 같은 높이이다"(공손룡과 혜시의 주장)는 그들의 고유한 논리, 의미론 및 형이상학의 영역에서 옹호될 수 있다. 달리 말하면, 순자의 제안과는 달리, 그들의 주장들은 단지 경험에 의존해서 물리쳐지지 않을 수 있다.

3) 결론

이제까지 살펴온 혜시 · 공손룡 · 후기묵가 및 순자와 명학의 공통성과 차이는 다음과 같이 정리할 수 있다:

(1) "백마", "마", "도둑", "사람"과 같은 일반 이름들은 고유명사들로 생각되었다. 왜냐하면 고전 중국 언어이론은 의미론보다는 화용론에 관련되기 때문이다.

(2) 고전시기의 중국 인식론은 기술의 방법과 구분되는 개념적(논리적) 지식 혹은 논증적 지식을 제시하지 않는다.

(3) 공손룡은 내포적으로 다른 이름들이 외연적으로 다른 대상을 가리킨다고 주장하는 '명과 실 사이의 일대일대응주의'의 극단적 형태를 믿었다. 순자에 따르면, 공손룡은 모순된 주장을 하지는 않았지만, 받아들이기 힘든 주장을 하고 있었다. 구체적으로 말하자면, 이름이 일관성을 지닌 하나의 약속체계라는 것을 알지 못해서 받아들이기 힘든 주장을 하고 있는 것이다. 이것은 공손룡이 너무 이름을 신성시하였기 때문일 것이다. 그는 이름이란 것이 이미 파악한 사실을 드러내는 수단에 불과하다는 것과, 이름과 사실 간에는 중동(重同)의 상황, 즉 다명일실(多名一實)의 상황이 있음을 이해하지 못했다.

(4) 후기묵가의 추리 이론은 동일성의 대치법칙에 저항하는 내포적 문맥에 기반한다. 순자에 따르면, 후기묵가는 이름을 가진 목적을 잘 알지 못해, 모순된 주장을 하게 되었는데, 주로 내포적 맥락에

따라 논의를 전개해서 모순된 주장을 하게 되었다.

(5) 혜시의 입장은 언어적 기술 이전의 실(實)에 대한 앎의 방법을 전제하고 있고, 이러한 앎에 대한 기술의 임의성을 주장한다. 혜시는 공간이나 시간 속의 것들은 유한한 동시에 무한한 모순된 특성을 보여준다고 보았다. 순자에 따르면, 혜시는 언어 이전의 명백한 사실 파악에 문제가 있어, 모순된 주장을 하게 되었으므로, 오관과 마음을 통해 사실을 먼저 제대로 파악하고, 이름이 그것을 반영하도록 하면 이런 일이 없을 것이다. 공손룡이 이름의 지칭 문제에 치중했다면, 혜시는 인식의 문제에 치중했다고 할 것이다.

(6) 순자의 논리와 의미론은 사회적 안정을 위해 외연적 접근 방식을 택했다.

2. 명학의 의의

이 책의 내용은 고대 중국의 명학(名學)에 대한 연구이다. 명학이란 명(名)과 실(實)의 관계에 대한 논의를 말한다. 명(名)은 이름 · 명분으로, 실(實)은 대상 · 실질로 번역해볼 수 있지만, 이런 단순한 글자 번역으로는 그 논의의 정체를 드러내기 힘들다. 이름이나 명분, 대상이나 실질이라는 말들도 맥락에 따라 다양하게 이해될 수 있기 때문이다. 필자가 이 책의 범위를 고대 중국의 명학에 국한하고, 또 그 가운데서도 공손룡 · 혜시 · 후기묵가에 집중한 이유도 이처럼 다양한 스펙트럼을 지닌 명학의 의미를 의식했기 때문이다. 다시 말해, 고대 중국의 명학의 내용은 공자의 정명(正名)사상으로부터 시작하여 법가의 형명론(形名論)에 이르기까지

다양한 사상가들에 의해 논의되었으나, 여기서는 특별히 흔히들 명가 혹은 궤변가들로 알려진 공손룡 · 혜시의 사상과 고대 중국의 명학을 완성했다고 말해지는 후기묵가의 명학사상에 국한하였다. 이들 사상의 특색은 다른 명학사상처럼 어떤 정치적 이해관계에서 주장되지 않고, 비교적 순수한 이론적 관점에서 다루어진 것이었다. 풍우란은 이것을 '철학의 시작'[7]이라고 하였다.

중국 고대의 명학에 대한 연구는 종래에는 중국 논리학이라는 영역에서 다루어졌지만, 내가 보기에 이것은 공정하지 않은 것 같다. 논리학보다는 지식론, 언어지칭론, 존재론 및 윤리학의 영역에서 다루어야 한다고 본다. 논리학은 주로 추론형식에 대한 학문인데, 고대 중국의 명과 실의 관계를 다루는 명학에 이런 측면이 없다고 할 수는 없지만, 이들의 주된 관심사는 아니었기 때문이다. 이들의 공통적 관심은 세계에 대한 우리 지식의 가변성의 문제, 그리고 그런 지식의 언어적 전달 가능성 등의 문제였다. 이런 점에서 공손룡, 혜시, 후기묵가의 변자들은 고대 중국의 다른 사상가와는 달리, 논리학 · 언어철학 · 인식론 등의 순수 이론적 관심을 보여주고 있다. 이들의 관심이 비록 고대 중국에서, 혹은 그 이후의 사상사에서 주류를 차지한 것은 아니지만, 이후의 장자 · 순자 등의 주류 사상에 크게 영향을 주어 고대 중국의 사유를 한 단계 진척시킨 공로를 가지고 있다고 할 것이다.

나는 이 책을 통해 호적과 풍우란은 물론이고, 그레이엄 · 성중영 · 차드 한센 · 손영식 등의 명학 해석의 성과와 한계를 지적하고, 나아가

7 풍우란, 『중국철학사』(상), 박성규 옮김, 서울: 까치, 2002, 36쪽.

중국 고대 명학을 좀 더 고대 철학사상의 문맥에 철저하면서도, 그 보편적 철학적 의미를 드러내는 방식으로 다루어보았다. 그리하여 단순히 중국 고대의 명학을 서구의 형이상학적 관심에 비추어 해설하려고 하지 않았고, 또 나아가 공손룡과 혜시는 각각 리견백(離堅白), 합동이(合同異)의 논리를 제시한 궤변가들로, 그리고 후기묵가는 그러한 명가의 궤변을 상식의 차원에서 비판하였다라는 기존의 전통적 해석을 탈피하려고 노력하였다. 이러한 노력을 통해 나는 후기묵가가 단순한 상식의 옹호자가 아니고, 또한 단순한 전기묵가 사상의 논리적 옹호자도 아니며, 묵가철학의 합리적이고 실용적인 면에 영향을 받았지만, 여기에 그치지 않고, 혜시와 공손룡의 명학을 심화시킨 명학의 완성자이자 유의미한 논증적 분석 작업을 최초로 수행한 철학자들이었음을 보여주려고 했다.

참고문헌

일차문헌(주석서 포함)

『隨書』「경적지」.

『漢書』「예문지」.

高亨 撰,『墨經校詮』, 排印本影印, 民國 47.

郭慶藩 撰,『莊子集釋』, 北京: 中華書局, 1997.

屈志淸,『公孫龍子新注』, 湖北: 人民出版社, 1981.

龐樸,『公孫龍子硏究』, 北京: 中華書局, 1972.

———,『公孫龍子今譯』, 成都: 巴蜀書社, 1990.

譚戒甫 撰,『公孫龍子形名發微』, 北京: 中華書局, 1996.

——— 撰,『墨辯發微』, 北京: 中華書局, 1996.

——— 校釋,『莊子天下篇校釋』, 臺北: 新文豊出版公司, 民國 68.

魯勝,「墨辯注序」,『晉書』「列傳 · 隱逸 · 魯勝」.

北京大學«荀子»注釋組,『荀子新注』, 北京: 中華書局, 1979.

北大哲學系注釋,『荀子新注』, 臺北, 里仁書局, 1983.

司馬遷 撰,『史記』, 臺北: 泰順書局, 民國 60.

山田琢,『墨子』(上),『新釋漢文大系』第50卷, 東京: 明治書院, 1975.

徐復觀,『公孫龍子講疏』, 臺北: 學生書局, 民國 73.

孫星衍,『尙書今古文注疏』, 北京: 中華書局, 1986.

孫詒讓,『墨子閒詁』, 臺北, 華正書局, 1987.

———撰,『墨子閒詁』, 北京: 中華書局, 2001.

梁啓雄,『荀子簡釋』, 臺北, 木鐸出版社, 1983.

梁啓超,『墨子學案』, 無求備齋墨子集成 18, 엄영봉 편집, 대북: 성문출판사, 1975.

楊伯峻『春秋左傳注』, 北京: 中華書局, 1983.
——— 譯注,『論語譯注』, 北京: 中華書局, 1992.
——— 譯注,『孟子譯注』, 北京: 中華書局, 1996.
——— 撰,『列子集釋』, 北京: 中華書局, 1996.
楊俊光,『公孫龍子蠡測』, 山東: 齊魯書社, 1986.
염정삼,『묵경』1 · 2, 서울: 한길사, 2012.
伍非百,『先秦名學七書』, 臺北: 洪氏出版社, 民國 73.
王琯,『公孫龍子懸解』, 北京: 中華書局, 1996.
王先謙,『荀子集解』, 東京, 富山房, 漢文大糸(卷十五), 1972.
——— 撰,『荀子集解』, 北京: 中華書局, 1996.
——— 撰,『莊子集解』, 北京: 中華書局, 1999.
王叔岷,『莊子校詮』, 臺北: 樂學書局, 民國 88.
李滌生,『荀子集釋』, 臺北: 學生書局, 1988.
錢穆 纂註,『莊子纂箋』, 臺北: 三民書局有限公司, 民國 58.
曹礎基,『莊子淺注(修訂本)』, 北京: 中華書局, 2000.
陳孟麟,『墨辯邏輯學(修訂本)』, 濟南: 齊魯書社, 1983.
焦循 撰,『孟子正義』, 北京: 中華書局, 1996.
何啓民,『公孫龍與公孫龍子』, 臺北: 學生書局, 民國 77.
郝懿行,『爾雅義疏』, 北京: 北京市中國書店, 1982.
許愼 撰, 段玉裁 注,『說文解字注』, 上海: 上海古籍出版社, 2001.
荊門市博物館,『郭店楚墓竹簡』, 北京: 文物出版社, 1998.

이차 중국 자료

姜鐵軍,「論『公孫龍子』中的‘指’」,『中國哲學史研究』, 總第二十七期, 北京: 中國社會科學出版社, 1987. 4.
簡松興,「孔子「正名」觀念析探」,『孔孟月刊』第19卷 第5期, 臺北: 中華民國孔孟學會, 民國 70.
高師明,「孔子的春秋教」,『春秋三傳研究論集』, 戴君仁 등, 臺北: 黎明文化事業, 1981.

郭湛波,『先秦辯學史』, 北京: 中華印書局, 1932.

譚戒甫,『公孫龍子形名發微』, 北京, 中華書局, 1987.

———,『墨辯發微』, 北京, 中華書局, 1996.

唐君毅,「荀子正名與先秦名學三宗」,『新亞學報』第5卷 第2期, 香港: 新亞研究所, 1963.

欒星,『公孫龍子長箋』, 河南: 中州書畵社, 1982.

牟宗三,『名家與荀子』, 臺北: 臺灣學生書局, 1985.

徐復觀,『公孫龍子講疏』, 臺北: 臺灣學生書局, 1982.

孫長祥,『思維 語言 行動－現代學術視野中的墨辯』, 臺北, 文津出版社, 2005.

孫中原,「中國古代的言語邏輯」,『邏輯言語寫作論叢』, 第2輯, 天津: 南開大學出版社, 1986.

———,『中國邏輯史(先秦)』, 北京: 中國人民大學出版社, 1987.

———,「墨經的邏輯成就」,『中國人民大學報』, 1990. 3.

楊武金,『墨經邏輯研究』, 北京, 中國社會科學出版社, 2004.

楊沛蓀,『中國邏輯思想史教程』, 甘肅: 甘肅人民出版社, 1988.

伍非百,『先秦名學七書』, 臺北, 洪氏出版社, 1984.

溫公頤,『先秦邏輯史』, 上海: 人民出版社, 1983.

汪奠基,『中國邏輯思想史』, 臺北, 明文書局, 1993.

劉正浩, 劉正浩,「孔子「正名」考」,『孔孟學報』第36期, 臺北: 中華民國孔孟學會, 民國 67.

———,「孔子正名考」,『孔子思想研究論集(二)』, 陳大齊 등, 臺北: 黎明文化事業, 1983.

李匡武 主編,『中國邏輯史(先秦)』, 甘肅: 人民出版社, 1989.

李哲賢,『荀子之名學』, 臺北, 文津出版社, 2005.

李賢中,『先秦名家名實思想探析』, 臺北, 文史哲出版社, 1992.

任繼愈,『中國哲學發展史(先秦)』, 北京: 人民出版社, 1983.

——— 主編,『中國哲學史』(I), 이문주 · 최일범 譯, 서울: 도서출판 청년사, 1989.

張吉良,「戰國名家的哲學思想」,『中國哲學史研究』, 第二期, 北京: 中國社會科學出版社, 1984.

張志林, 「孔子正名思想的現代詮釋」, 『孔子硏究』 總第44期, 濟南: 齊魯書社, 1996.
張春波・張家龍, 「中國哲學中的邏輯和語言」, 『吉林大學社會科學學報』, 第3期, 吉林市: 吉林大學, 1990.
張曉芒, 「孔子「正名」思想的求眞精神與求善精神」, 『孔孟月刊』 第47卷 第3・4期, 臺北: 中華民國孔孟學會, 民國 97.
周山, 「關於名家的兩個問題」, 『中國哲學史硏究』, 總第三十一期, 北京: 中國社會科學出版社, 1988.
周云之, 『先秦邏輯史』, 北京: 中國社會科學出版社, 1984.
———, 『墨經校注今譯硏究』, 甘肅, 人民出版社, 1993.
———, 『先秦名辯邏輯指要』, 四川, 敎育出版社, 1993.
———, 『公孫龍子正名學說硏究』, 北京, 社會科學文獻出版社, 1994.
———, 『名辯學論』, 沈陽: 遼寧敎育出版社, 1996.
朱云之, 「白馬非馬決不是詭辯命題」, 『中國哲學史硏究』, 第二期, 北京: 中國社會科學出版社, 1987.
———, 「對先秦名家分爲兩個詭辯學派的異議」, 『哲學硏究』, 第2期, 北京: 人民出版社, 1997.
朱志凱, 「墨經中邏輯學說特徵」, 『哲學硏究』, 第7期, 北京: 人民出版社, 1984.
———, 『墨經中的邏輯學說』, 四川, 四川人民出版社, 1988.
陳建生, 「孔子的「名」與「正名」」, 『孔孟月刊』 第44卷 第7・8期, 臺北: 中華民國孔孟學會, 民國 95.
陳癸淼, 『墨辯硏究』, 臺北, 學生書局, 1977.
陳孟麟,『墨辯邏輯學』, 山東, 齊魯書社, 1983.
———, 『墨辯邏輯範疇三題議』, 『哲學硏究』, 第11期, 北京: 人民出版社, 1987.
———, 『先秦名家與先秦名學』, 臺北, 水牛出版社, 1998.
陳問梅, 『墨學之省察』, 臺北, 學生書局, 1988.
蔡明田, 「論孔子仁學中的正名思想」, 『孔孟學報』 第48期, 臺北: 中華民國孔孟學會, 民國 73.
蔡仁厚, 『墨家哲學』, 臺北, 東大圖書公司, 1983.
淺野裕一, 『古代中國の言語哲學』, 岩波書店, 2003.

馮契,『中國古代哲學的邏輯發展』(上冊), 上海: 人民出版社, 1987.
馮耀明, ≪公孫龍的形上實在論與"固定意指"≫ *Kung－sun Lung's metaphysical realism and rigid designation*, Singapore: The Institute of East Asian Philosophies, 1986.
馮友蘭,『中國哲學史新編』(第二冊), 北京: 人民出版社, 1995.
———,『중국철학사』(상), 박성규 譯, 서울: 까치글방, 2002.
何启民,『公孫龍與公孫龍子』, 臺北, 學生書局, 198年.
黃琛傑,「孔子正名思想之反省」,『孔孟月刊』第39卷 第8期, 臺北: 中華民國孔孟學會, 民國 90.
許抗生,「惠施思想研究」,『中國哲學史研究』, 總第十一期, 中國社會科學出版社, 1983. 4.
候外廬 外,『中國思想通史』(第一卷), 北京: 人民出版社, 1961.

이차 한국 자료

郭沫若,『中國古代思想史』, 조성을 譯, 서울: 도서출판 까치, 1991.
加地伸行, 윤무학 譯,『중국인의 논리학』, 서울: 법인문화사, 1998.
곽신환,「同異論에 대한 易學的 고찰」,『동양철학』 제13집, 한국동양철학회, 1996.
김기현,「묵가 윤리학에 대한 연구의 한계와 과제」,『윤리교육연구』 제12집, 2007.
김동천,「『淮南子』 '推論'에 관한 논변 연구」,『철학논집』 제8집, 1997.
김수중,「개념, 존재, 삶: 동양 사상과 "개념"의 문제」,『개념과 소통』 제2집, 한림과학원, 2009.
김철신,「공손룡과 후기묵가의 정명론 비교 연구」,『동서비교문학저널』 제10집, 2004.
———,「공손룡(公孫龍) 철학 이해의 한 방식」,『철학』 제82집, 2005.
———,「『공손룡자(公孫龍子)』의 세 주석에 대한 타당성 고찰: "지(指)"를 중심으로」,『동양철학연구』 제51집, 2007.
———,「후기묵가의 공손룡 비판 고찰: 사물과 인식의 문제를 중심으로」,『철학연구』 제82집, 2008.
김형효,『老莊 사상의 해체적 독법』, 성남: 청계, 1999.

남경희, 「리바이어던의 정명(正名): 홉스와 순자(荀子)에서 국가 권력과 언어주체」, 『동서철학연구』 제47집, 2008.
大濱晧, 『중국 고대의 논리』, 김교빈 外 譯, 서울: 동녘, 1993.
모종삼, 『中國哲學特講』, 정인재 譯, 서울: 형설출판사, 1985.
박동환, 『동양의 논리는 어디에 있는가?』, 서울: 고려원, 1993.
박성규, 「공자의 정명의 의미」, 『철학연구』 제84집, 철학연구회, 2009.
박원재, 「名辯 논쟁을 통해 본 諸者의 사상적 갈래」, 『중국철학』 제4집, 중국철학회, 1994.
———, 「혜시 사상의 논리적 구조와 그 한계」, 『중국철학』 제7집, 중국철학회, 2000.
서정신 · 정재현, 「직관의 방법과 논증의 방법」, 『철학연구』 제47집, 철학연구회, 1999.
손영식, 「공자의 정명론(正名論)과 노자의 무명론(無名論)의 비교: 그 논리와 사고방식의 대립을 중심으로」, 『철학』 제31집, 한국철학회, 1989.
———, 「이발(理發)과 기발(氣發)의 논리적 구조」, 『퇴계학보』 제118집, 2005.
———, 『혜시와 공손룡의 명가 철학』, 울산: 울산대학교 출판부, 2005.
———, 「'것'의 부정과 세계의 중심: 정재현 교수의 비판에 답함」, 『철학사상』 vol. 26, 서울대학교 철학사상연구소, 2007.
송영배, 『諸子百家의 思想』, 서울: 玄音社, 1994.
———, 「동양의 '상관적 사유'와 유기체적 생명의 이해」, 『철학과 인접학문의 대화』, 한국철학회 편, 2004.
신정근, 「공자 정명의 논의에 대한 정명」, 『奎章閣』 제20집, 서울대학교 규장각, 1997.
안기섭, 「古代漢語 實詞類 품사분류의 非文法性에 관하여: 名詞 · 動詞 · 形容詞를 중심으로」, 『中國人文科學』 제43집, 2009.
윤무학, 「묵자의 명학에 대하여: 후기묵가와의 상관성을 중심으로」, 『동양철학연구』 제11집, 1990.
———, 「『여씨춘추』의 정명론: 저가에 대한 비판과 종합을 중심으로」, 『유교사상연구』 제4, 5집, 1992.

———, 「中國 論理學史에 있어서 孔子의 位置」, 『儒敎思想硏究』 제6집, 서울: 儒敎學會, 1993.
———, 『中國哲學 方法論: 고대철학의 名實論的 조명』, 서울: 한울 아카데미, 1999.
———, 「묵가의 역사의식: 유가 비판을 중심으로」, 『동양철학연구』 제36집, 2004.
———, 「竹簡本 『老子』에서의 無名論: 孔子 正名論과의 비교를 중심으로」, 『동양철학연구』 제40집, 동양철학연구회, 2004.
———, 「묵변(墨辯)의 변학(辯學)과 도가(道家)의 인식론 비판」, 『동양철학연구』 제42집, 2005.
이강수, 『노자와 장자』, 서울: 도서출판 길, 1998.
———, 『중국 고대철학의 이해』, 서울: 지식산업사, 1999.
이경무, 「공자의 정명사상연구」, 『인문논총』 제20집, 전북대인문학연구소, 1990.
———, 「正名과 孔子 仁學」, 『범한철학』 제32집, 범한철학회, 2004.
이권, 「郭店本 『老子』의 有無觀」, 『도가철학』 제3집, 한국도가철학회, 2001.
———, 「『荀子』「正名」편의 共名과 別名에 대한 고찰」, 『中國學報』 제52집, 2003.
———, 「노자의 무」, 『도교문화연구』 제28집, 한국도교문화학회, 2008.
———, 「혜시십사(惠施十事)에 대한 고찰」 서강대학교 철학연구소 제39회 월례발표회(2011년 4월29일) 발표문.
이재권, 「노자철학에 있어서 인식과 행위의 문제」, 『동서철학연구』 제6집, 한국동서철학회, 1989.
———, 「순자(荀子) 사상의 본질과 특징: 순자의 정명론(正名論)」, 『동양철학연구』 제15집, 1995.
———, 『도가철학의 현대적 해석: 중국고대사상에 대한 언어철학적 탐구』, 대전: 문경출판사, 1995.
이종성, 「존재와 언어 그리고 자연」, 『도가철학』 제4집, 한국도가철학회, 2002.
장영백, 「『左傳』에 나타난 正名思想 硏究(一)」, 『중국어문학논집』 제9집, 중국어문학연구회, 1997.
전세영, 「순자의 정치사상연구: 통치론을 중심으로」, 『한국정치학회보』 제30집, 1996.
정대환, 「공자의 '정명론'(正名論)에 관하여」, 『철학연구』 제12집, 고려대철학연구소,

1988.
정세근, 「道와 X」, 『도가철학』 제1집, 한국도가철학회, 1999.
정인재, 「순자의 정명론」, 『철학회지』 제9집.
정재현, 「후기묵가의 유비논리와 장자의 직각논리에 나타난 비추상주의와 합리주의」, 『철학』 제60집, 1999.
———, 「묵가의 실용주의와 논리주의」, 『중국철학』 제6집, 중국철학회, 1999.
———, 「『묵경』의 논리학: '설'(설명) 개념을 중심으로」, 『철학연구』 제45집, 철학연구회, 1999.
———, 「後期 墨家의 名學 연구」, 『철학적 분석』 제3집, 2001.
———, 「도의 철학과 도의 언어학: 고대 중국의 철학과 언어」, 『양명학』 제10집, 한국양명학회, 2003.
———, 「『묵경』에 있어서 '必' 개념의 문제」, 『동양고전연구』 35집, 2009.
———, 「墨家 倫理學과 『墨經』」, 『철학논집』 제28집, 2012.
조현숙, 「순자의 인식이론에 대한 연구」, 『유교사상연구』 제3집, 한국유교학회, 1988.
진희권, 「선진(先秦) 법가(法家)의 정의관(正義觀)에 대한 일고찰: 법가의 명(名)과 분(分)을 중심으로」, 『안암법학』 제24집, 2007.
최규일, 「동양과 서양의 언어관: 언의관(言意觀) 연구(1)」, 『국어학』 제48집, 2006.
최진석, 「社會的 脈絡에서 본 老子의 哲學」, 『철학연구』 제44집, 철학연구회, 1999.
———, 「노장과 해체론: 개방성의 기원에 대하여」, 『철학연구』 제47집, 1999.
———, 『『노자』의 목소리로 듣는 도덕경』, 서울: 소나무, 2001.
평유란(馮友蘭), 『간명한 중국철학사』, 정인재 옮김, 서울: 형설, 2012.
胡適, 『中國古代哲學史』, 송긍섭 外 譯, 서울: 대한교과서주식회사, 1990.

이차 영문 자료

Allan, K., "Classifiers," *Language* 53, 1977.
Austin, J. L., *How To Do Things With Words*, 2d ed., Cambridge: Harvard Univ. Press, 1975.
Chung-ying Cheng, "Kung-sun Lung: White Horse and Other Issues", *Philosophy*

East and West, 33:4, 1983.

———, "Philosophical Significance of Gongsun Long: A New Interpretation of Theory of Zhi as Meaning and Reference", *Journal of Chinese Philosophy* 24(1997), pp. 139~177.

Chong, Chaehyun, "Xunzi's Sanhuo (Three Types of Cognitive Delusions)", *Journal of Chinese Philosophy* 39: 3, 2012.

Creel, H. G., *Confucius, the Man and the Myth*, New York: Harper Torchbooks, 1949.

Cua, A. S., *Ethical Argumentation*, Honolulu: University of Hawaii Press, 1985.

Forke, A. "The Chinese Sophists", *Journal of the China Branch of the Royal Asiatic Society* 34(1901~1902), pp. 1~100.

Fung, Y.-L., *A History of Chinese Philosophy* Vol. I, trans. by D. Bode, London: George Allen Uniwin Ltd., 1952.

Graham, A. C., "Chuang-tzu's Essay on Seeing Things as Equal", *History of Religions* 9(1969/1970), pp. 137~159.

———, *Later Mohist Logic*, *Ethics and Science*, Hongkong: The Chinese University Press, 1978.

———, "The Disputation of Kung-sun Lung as Argument about Whole and Part", *Philosophy East & West* 36, 1986.

———, Disputers of the TAO: Philosophical Argument in Ancient China, La Salle: Open Court, 1989.

———, *Studies in Chinese Philosophy & Philosophical Literature*, Singapore: The Institute of East Asian Philosophies, 1986.

Hansen, C. D., "Mass nouns and 'A white horse is not a horse'", *Philosophy East & West* 26, 1976.

———, *Language and Logic in Ancient China*, Ann Arbor: University of Michigan Press, 1983.

———, *A Daoist Theory of Chinese Thought*, New York: Oxford University Press, 1992.

Ivanhoe, P. J., *Ethics in the Confucian Tradition*, Atlanta, Ga.: Scholars Press, 1990.

Loewe, Michael ed., *Early Chinese Texts: A Bibliographical Guide*, The Society for the Study of Early China, 1993.

Mei, Y. P., "The Kung−sun Lung Tzu With a Translation Into English", *Harvard Journal of Asiatic Studies*, Vol. 16, No. 3/4, 1953.

Munro, D. J.(ed), *Individualism and Holism*, The University of Michigan, 1985.

Nivison, D., *The Ways of Confucianism*, Chicago: Open Court, 1996.

Park, W.−S., "Hsun Tzu on Nature", unpublished manuscript.

Perleberg, Max, *The Works of Kung−sun Lung−tzu*, Westport: Hyperion Press, 1973.

Quine, W. V., *Ontological Relativity & Other Essays*, New York: Columbia University Press, 1969.

Shun, K.−L., *Mencius and Early Chinese Thought*, Stanford, Calif.: Stanford University Press, 1997.

Yu, Anthony C., "Cratylus and Xunzi on Names", in *Early China/Ancient Greece*, ed. by Steven Shankman and Stephen W. Durrant, Albany: State University of New York Press, 2002.

Zong, Desheng, "Studies of Intensional Contexts in Mohist Writings", *Philosophy East & West*, 50/2, 2000.

찾아보기

ㄹ

ㅁ

ㅂ

ㅅ

ㅇ